愛就在你心中

呼喚要覺醒的心靈

劉素珍 著
李宗燁 文字整理

楔子

愛，就在你心中

我們一直做很多事想要符合他人的期望，符合社會道德的制約，因此不得不壓縮自己、驅迫自己，然後給自己壓迫跟暴力，我們做這麼多，內心有很多衝突跟矛盾，我們要的到底是什麼？這些努力、配合或委屈、辛苦、汲汲營營為的是被認同、被接納，有個安全與歸屬感，這些其實就是被愛的感覺，我們渴望這種狀態，我們以為因為配合、努力就可以得到愛，我們以為有個方法，我們就關在這個方法裡面，這個試不行了再試試哪個，千方百計想要得到愛跟安全，甚至不惜犧牲一切去換取這種愛的感覺。

可是我們不知道愛其實一直在我們內在，只因被向外找尋的方法、想法跟努力所掩蓋住，所以再怎麼努力終究會失望、落空，如果我們可以了解這點，回過頭來看看我們自己，我們想要得到的愛跟歸屬一直在那邊，只因我們沒有學習所以看不到這點。本書的重點在於，讓我們把方向轉過來，去看到我們尋尋覓覓的愛與歸屬一直在我們的內在。

愛就在你心中，從另一面來說，那些懲罰、煩惱、罪惡也是在你心中，當你否定憤怒、煩惱，想要消滅它們時，愛也同時不在了，如果能夠認清這點，你的態度就會如同擁抱愛一樣擁抱痛苦、煩惱，正是因為你要消滅它，它才變得很醜陋，如果你認識它，它就變得很美。

我們內在的愛始終一直存在，它未曾離開過我們，只是我們習於要索討愛、索討認同、索討歸屬感、存在感，原本的愛被這些索討的動機跟整個過程淹沒，這些模式如果沒有被我們清楚與停止，內在的愛是出不來的，當這些受苦、孤單、空虛、悲傷——等等都可以被我們清楚時，愛自然就出來。所以不是你給我愛，沒有任何人可以給你愛，因為對方也要，其實愛就在你心中，只是有很多石頭、障礙物蓋住它，這些障礙物是我們自己放的，如果願意把障礙搬開，你的愛自然出來，那一刻你自然就會明白。

推薦序

覺察，是為了和自己相遇

在多年從事心理治療的實務工作中，我常常接觸許多因為自身問題而出現情緒困擾的病患前來尋求幫助。在這麼多的個案身上，我發現他們最大的癥結，很多時候不在問題本身，而是他們看待問題或事情的方式，以及面對自己情緒的方法，簡單來說，就是「觀點」的問題。

用比喻來說，「觀點」就像是你戴的眼鏡其中鏡片的顏色。藍色的鏡片會讓你看到一片藍色的視野，而黑色的墨鏡，則會讓原本色彩繽紛的世界，只剩下黑壓壓的一片，儘管我們都知道這個道理，但眼鏡卻不是說摘就能摘掉的。

過去，心理治療師曾努力地想要幫助個案調整這個「觀點」鏡片的顏色，透過類似實驗、辯證的方式逐步微調。現在，我們更強調「覺察」在其中扮演的角色。為什麼「覺察」如此重要呢？首先必須先從「覺察」是什麼說起。請你回想一下，今天早上當你去上班，或是買菜辦事時，還記得你曾經過了哪些地方？遇到了哪些人？路上有沒有什麼和平常不一樣的事情發生？你會發現，當要回答這些問題時，似乎無法很確定或明白，這是因為很多時候，我們的注意力並不在我們所經歷的事情上，而是放在已經發生，或是還沒發生的那些事情上。處在每一刻的當下的我們，事實上，思緒很少是專注在此刻的，我們不是在回想，就是在預想，這些思緒與身體不同調的狀況，每一刻都在發生，而它會讓我們離自己越來越遠。

因此「覺察」的第一件事，便是把注意力拉回到當下，細細感受自己的每一個感官、每一個動作，之後再延伸到每一個感受思緒上。「覺察」是一個中性，不帶批評與判斷的過程，你只是靜靜的關注，然後看到交錯中的脈絡。

有關這種專注當下的技巧，在本書中有相當多的說明及引導，值得讀者參考。當我們處在對自己的覺察當中，一切會開始變得很清晰，心流也因此而澄澈分明，太多時刻思緒一旦跑過去，就成了情緒的糾結，將它在注意的燈光下緩緩攤開，才能看到裡面的盤根交錯、前後緣由，然後在爬梳的過程中，隱身於其之後的意義得以開始浮現。這不是一件簡單的事，但它卻是在療癒之道中，必經的路。

每個人都有自己賴以維生的手段，或稱為生存之道，它可能是來自你過去經驗的濃縮，可能是你與環境搏鬥的最後結果，也可能來自那些你曾經歷但卻無法釐清的生命故事，這些片段最終都在你的思緒中以不同的方式影響著你。而本書提供了一個引領你看到自己的方式，在每一個專注的當下，我們將得以和自己相遇。

陳品皓（親職教養作家、資深臨床心理師）

推薦序之一

覺知、釋放，輕鬆自在
——一條身心靈合一的解脫之道

如果你學佛多年一無所成，自覺業障深重，經常拿佛法來自我折磨；如果你覺得各種靈修法門讓你眼花撩亂，術語龐雜、體系繁複如迷宮；如果你已疲於追求心靈成長，卻又不願死心，想要找回一點自己；如果你的健康情況日走下坡，許多疾病若隱若現，令你憂心但又無可如何……

有類似以上這些心情或經歷的人就會了解，要找到適合自己，又要簡潔單純、融合心靈與健康為一的指引，有多麼珍貴，多麼不容易。

素珍老師經歷生死磨鍊寫成的這本書，肯定可以為你帶來希望。

找到根源　心才能靜

如果你想擺脫煩惱，追求內心平靜、快樂、有愛心，是不是會想去學習相關的方法，來達到這些目的？於是到處都有教人靜坐、放鬆、氣功、正向思考等課程與書籍。這些當然多少可以達到若干效果，但顯然無法真正解決你的問題，否則，你也不會有興趣拿起這本書來看。

你或許常有疑問：為什麼想要靜心卻難以心靜？想要放鬆卻放不下？那是因為你沒有找到根本的原因，只想吃下某種特效藥、學習一些針對性的方法，就以為可以達成這些目標。

從素珍老師的看法來說，如果你真正了解自己，對自己打開大門，那麼平靜、安心、快樂、充滿愛心等這些特質自然就會不求自來。

放鬆學習　覺知自己

佛法中最高的法門是沒有方法，你如果能夠全然放鬆，當下就可以見到整個宇宙的真面目，當然包括你自己，並獲得最究竟的平靜、安樂與無邊的大愛。

但如果你一時沒有這樣的因緣，素珍老師的教法可以輕鬆地幫助你找到「完整的自己」。我說的是：健康的、穩定的、愉悅的、內在沒有爭執、充滿愛心的自己；只要你願意對自己誠實，對自己有覺知。

身心本不二

我們的身體與內心有許多糾結，這是造成身心出現問題的主要原因，內外互相牽扯，讓我們兩面受苦；但我們對身心不夠了解，常在此種交互影響下惡性循環，才構成我們現在的樣子。

素珍老師的教法，就是身心本來一體，因此兩路並行，內外一起來。

健全身體 兼得專注

針對身體，先以打拳恢復你與身體的接觸，增加我們對身體的了解，重建我們的健康，令氣息流暢，脈結疏通，陳年老病也可漸漸排除。

打拳時強調放鬆，讓感覺復甦，重建我們對身體的感覺——自己的味覺、聽覺、視覺、觸覺，對內心的感覺，對愛的感覺，對親人同事的感覺，甚至對天地的感覺。

打拳也同時培養覺知與專注力，增長安定能力，並在自己與情緒間開闢空間，讓我們可以在放鬆的狀態下，清明地與自己好好相處。

釋放深層情緒　湧現愛心

隨著身體氣息的流暢、定力與覺察的增長，我們可以同時疏通內在的糾結，並進一層感受到自己更深層的情緒，諸如憤怒、自卑、愧疚、憂慮、悲傷等。老師還會透過家族能量，讓我們可以清楚地看到這些情緒，安定地跟他們在一起，看他們的來去。

於是我們可以進一步發現到他們的根源，那個潛藏內在的自己的模樣，那個受到家族及各種因素影響，一直被壓在深處的自己。

接著將這些情緒一一釋放開來，讓我們跟自己徹底和解，放下過往的重擔，重獲內心的自由、自信。這時你自然會生起愛心，愛自己、愛家人，愛他人、愛整個天地。

情緒的能量　源自你的生命

素珍老師常說，想要斷除煩惱是一種暴力，用暴力如何能真正解決煩惱？我第一次聽到這句話時有如觸電一般，非常震撼，學佛多年，我始終沒有「正眼」瞧過煩惱。

素珍老師的說法很直接：情緒、煩惱其實來自生命本身的能量，由於種種因素而受到壓抑、扭曲，能量不但無法展現，人們還用更多能量來加以掩蓋、壓抑，讓自己受困、受苦；若能如實面對，清楚情緒的發展脈絡，看到躲在背後的原因，將它釋放，人的能量——慈悲的力量——就能充分展現。

這與佛法常說的「煩惱即菩提」有異曲同工之妙。

經歷病痛與死亡　寫成生命之作

素珍老師的教法是她經歷極端的病痛與瀕死的磨鍊換來的，並化為簡明、單純、直接的指導，因此沒有艱深、複雜的術語，都是日常生活化的用語，只要能夠面對自己，我們的身心就能受益。

簡單的說，這本書主要不在給讀者東西，也不給讀者壓力，反而要從讀者那裡拿走一點東西，釋放讀者的壓力。我建議讀者不要一下子讀太多篇，最好每天品味一點，並在生活中實地練習，自能體會到老師教法的殊勝之處。如果只想增加知識，可能會覺得本書與其他靜心、心理治療的書籍沒有太大差別，這樣就會錯過老師菁華的內涵，實在太可惜了。

我對老師的教導還知道得太淺，無法做更深入的詮釋，實感抱歉；但希望讀者能夠自己深入，實際操作，才能從中獲益，成為一個健康、自主、愉悅、放鬆的人。

不動心並非沒情緒

我特別關心學佛者，在努力禪修之餘，是否回想一下：情緒生起時，您心中是否出現波動，您如何面對？您是否習慣性地啟動某種應對模式？或者您對情緒已經毫無所動？這可以判斷自己雖自覺有進境，其實可能一直在原地打轉而不自知。

長期追尋自我、期盼自在安定的學人，辛苦了！希望素珍老師的書能在你的追尋中，帶給你方向，找到原本就屬於你的生命力量。

黃啟霖（前文殊佛教文化中心創辦人之一，目前從事編譯工作）

推薦序之二

在心理治療會談中，促進個人自我覺察是很重要的，但是並不容易，通常這個反思的過程需要巧妙的引領。是不打擾、不設限、不著相等等綜合要素的搭配，才能逐漸讓來談者自己揭開自己的謎團。書中的對話過程，呈現出這樣理想的情境，讓讀者感受到自己也可以參與其中的對話，映照許多人生重要的思索，也看清個人煩惱與憂鬱的源頭。

林國慶（助理教授／私立高雄仁愛之家前家主任）

推薦序之三

我在大學時期便認識宗燁老師，在近幾年才認識了素珍老師，雖然見面的機會很少，但我常在臉書看到素珍老師的短文。不知為何，有時光只是看著文章，似乎字裡行間有一股魔力，讓我有相見恨晚的觸動。

在一年前，我鼓起勇氣主動做了一次生活的大變動，在這一年中，才驚覺過去累積在內心的黑洞，因為脫離原本熟悉的環境而不停地顯現出來。這時偶爾在臉書看到的素珍老師的文章，成了我夜深時反覆咀嚼的養分。現在才開始慢慢了解，要主動正面地去面對及覺察情緒及心念，而不是逃離它。很高興在中年能有機會藉由這些短文重新檢視自己，開始心靈的新生活運動。希望能有更多人看到這些文章，從而得到心靈的自在及平靜。

王甄（台北榮民總醫院主治醫師）

推薦序之四

學習靜心與釋放，我認為這是一個很棒的「洗心」過程。其實進入靜心的世界後，想要敞開自己的內心並沒有想像中容易，但絕對是個很好的自我照顧行動，也更是一種需要堅持的投資，尤其當發現自己再陷落生命的低谷時。與過去不同的是，透過持續閱讀素珍老師的靜心短文，便很明顯地能感受到老師帶給我在心靈上有力量的洗滌與希望感。害怕面對生命裡的障礙與缺口是人之常情，但我現在能明白有障礙並不可怕，就如同老師所說，每一個痛苦、障礙或恐懼、憤怒現前時，障礙痛苦也都是讓我們前進的時刻，我們需要力量支持，這些都是學習後的珍貴收穫，難以用言語說明，因此想邀請大家親自來體會這份美好。

每個人的生命總有好有壞，不會是完美，在西方有這麼一個對英雄的隱喻故事說到：「願意面對自己的痛苦，並期待從痛苦中有所成長的種種努力，是一種英雄的行徑。」而面對自己和生命中所有一切困難的勇氣，就是英雄之旅的起點。現在我有信心，能夠透過老師的提點，一定能幫助我們看到自己的盲點與弱點。老師教導的靜心與釋放，帶來面對困難時需要的勇氣與智慧，鼓勵人們懷著希望面對生命裡的議題，幫助我們成為英雄。

欣喜素珍老師的語錄將集結成冊出版，衷心地推薦，期盼您用敞開的心與帶著愛來感受這本生命之書的美妙，屬於自己的英雄之旅從這裡展開！

顏佑真（諮商心理師）

推薦序之五

身為心理師，20幾年來每天要面對的大概就是「情緒」了，無論是個案的、還是自己的、是對情緒本質的探討、還是面對情緒的方法，近些年來深深體會到，若用對了方法，情緒能量的釋放比想像中簡單且快速。

一開始從素珍老師聽到同樣的看法時十分雀躍，彷佛走在幽谷中遇到了同路人，不過對她了解越多才發現她對情緒體驗與洞察十分地深入與完整，令我望塵莫及，有一次在情緒釋放的課堂中，在素珍老師的帶領下，我親身體驗到自己一層一層堆疊的情緒，同時看到了自己從小到大相關情緒的種種畫面一一浮現，驚訝的是，豁然明白塵封已久的記憶對現在的影響，這樣的經歷讓我震撼，釋放後的輕鬆也無法言喻，這樣的釋放跟陷溺情緒的發洩真的截然不同。

素珍老師又不斷地提醒情緒的釋放只是一個階段，重要的還是要覺察到情緒、受苦模式或是障礙如何在生活中運作，這樣完整的覺知，才有不再被過去傷害左右的可能。《愛就在你心中》一書有著素珍老師對情緒及生命深入且細緻的領會與剖析，真的十分感恩有緣相遇。

呂俐安（台北榮總資深心理師）

推薦序之六

如果你是心靈道路上行走已久的人，
這本書像是臨門一腳，帶給你當下的醒悟；
如果你是剛接觸心靈探索的人，
這本書像是一本心靈導航，減少你人生的迷路。

在這本書中，素珍老師把最深的東西，用最淺顯易懂的方式呈現；而最淺顯的道理，卻可以帶我們到最深的地方，書中的「注意」「覺知」便是一道通往深處的階梯，它將引領我們超越「愛」與「被愛」的圍籬，看見自己頭腦思維的運作模式，如何在生活中製造問題，產生痛苦，阻隔愛的流動。文中從不同的面向來探討內心狀態，鉅細靡遺揭示念頭如何地讓我們不安，憂悲憤恨，煩惱受苦不斷，透過「注意」明白事情的真相、有了「覺知」，不再是去解決問題，不需對治，更不用壓抑。如果我們能學習靜心覺察之路，當「自我」的恐懼不存在了，會發現生活處處都是愛的展現，愛已不需要任何條件，快樂不需要任何理由，從此，我們的生活，能輕易地認出愛，活出愛。

自己和素珍老師結緣於氣功的課程，老師性格開放寬廣且毫無偏私，有著像孩子天真的歡笑中蘊含著鬆輕和自由，身上散發著平靜詳和與愛的能量，老師氣功功法更是內蘊深厚，心氣一如。自從和老師學習氣功後，身體健康大幅的改善，常感冒體能弱症狀已消除，抗抵力增強健康維持較佳的狀態。這不僅歸功於老師功法教導和拳法的鍛鍊，更重要的是心法的指導，也就是「靜心」的引導，透過傾聽內心的聲音，了解心靈發展的脈絡、正視隱藏的負面能量，找到肇因的源頭，經過一連串靜心、釋放、探究、清理等身心同步地學習，在健康上得到莫大助益，甚至在修行領悟上有更高的開啟。

透過本書靜心短文的學習中，我們了解每一個人因為「愛」來到這個世間，因為愛的力量我們可以活著，但也因為愛受很多的苦，現在不管你心中有多大的仇恨，仇恨的背後仍然是源於愛，這一些的看見，是需要靜心學習，我們會放下仇恨，不再抗拒，沒有恐懼，沒有犧牲，不用受苦，我們可以輕鬆在給予與接受之間有愛的交流，會感受到一種輕盈、輕鬆、自在、開放，不論遇到任何人事，你仍然處在一種平靜和自信的狀態，這時，我們完全地從桎梏中解脫，從過去中解脫，從痛苦中解脫，我們來到另一個高度。

在這個高度上，因為內心沒有障住的點，愛便以「空」的方式來展現它的「有」，因為空，愛沒有阻礙，因為空，愛變得自由，從今而後，愛無為而為地在每一個片刻指引我們，如同陽光不再受烏雲阻擋普照大地，一朵小花、一株小草、一棵大樹，不用特別去做什麼，只因為你存在：愛一直都在，潤澤大地，與萬物交流沒有阻礙，當你能來到這裡，不再有此岸與彼岸，而是完全認出「一」即「一切」的關連性、整體性，活出「不二」的當下。

釋覺華（圓光文教基金會執行長）

學員推薦序

遇見宗燁老師，透過他的介紹而認識素珍老師，是我人生的轉捩點。二十年前，放棄待遇優渥的工作，離開職場。對外宣稱要回家照顧年幼小孩，其實是無法面對當前的生活。覺得不快樂，又說不出是對什麼不滿。眼前想得到的，似乎不大困難就取得，但得到了的快樂卻無法持久。獨處時寂寞，人群中感到孤單。想探尋人生的意義，不知從何找起。閱讀、音樂、電影、購物、志工服務……，這些填滿日子的活動，帶來許多樂趣，但解決不了難以言喻的苦悶。

直到孩子上了小學，參加學校認輔志工成長班課程，經由專業老師的指引，開啟自我探索的路。很幸運的是，第一年就遇上李宗燁老師，他教授的同理心課程，對於人際及家庭內的溝通幫助很大。更重要的是他在課堂上傳達「打破社會框架」的概念，很符合我想追求的境界。在那樣迷惘的時刻，聽宗燁老師的言論，為我的人生找到一線曙光。繼宗燁老師的課程後，充實的成長課程及志工活動，成了我的生活重心。一度認為「可能人生就是如此，不要要求太多、自尋煩惱……」，這樣自我安慰著。覺得無聊時，便藉瘋狂購物、沉迷電影、玩音響等活動填補內心的空虛。某次請宗燁老師到學校開短期講座課程，他提到有位朋友正在教授氣功，邀請大家參加。結果班上同學都沒有意願，基於對宗燁老師的感念，我決定自己前往捧場去試上一堂課。說實在原本對氣功沒有興趣，上課有聽沒懂，加上肢體協調能力不佳，動作跟不上進度。照以前的習性，一定會找藉口說下次不來了。但台上這位老師，氣質非常特別，有種質樸而脫俗的美麗，不善言詞，但有種吸引力，讓人願意靜下來聽她說話。講話的語調非常溫柔，可是散發出一種堅定。好像歷經世事頗有體會，卻仍保有孩童般的天真。

這是我對素珍老師的第一印象。這輩子頭一遭，對課程內容不感興趣，甚至連要學什麼都搞不清楚，就報名參加課程。與其說是學習氣功，不如說是對素珍老師的好奇。感覺她是活在世間的出世之人，當時自己深受購物癖所困，對於真正超脫物質慾望的人，渴望親近而得到啟發。

接下來每週一次的氣功課，上課猛打哈欠，覺得上課時間難熬，所以經常遲到，後來才明白那是身體缺氧的回傷現象。最期待的是下課後跟老師及其他同學一起吃午餐，雖然跟大家都是初相識，話題不多，但有種無法形容的放鬆氛圍，讓人捨不得離開。席間有次素珍老師分享關於她原生家庭家人相繼過世的心路歷程。那是我第一次當面聽到有人可以將沉重無比的傷痛往事說得如此淡然又不抽離，敘說出來的痛苦很真實，但說者沒有自憐，聽者也無需同情。對於素珍老師呈現的生命韌性，我深受震撼。

後來繼續跟著老師學習多年，個人認為經過這些痛苦的淬煉，因著她質樸而堅定的心性，使她對靜心領悟有超乎一般人的體會。雖然在氣功學習上我並未投入足夠心力，但持續的上課及團練，身體健康的改善效果依舊驚人。除了體力變好，困擾多年的牙周病竟然好轉，齒牙動搖的部分都恢復堅固，牙醫師比對我剛做完療程跟練氣功三年後的X光片，牙根的復原程度令他大為吃驚。

身體健康的受益之外，影響我最大、最深的是心性的改變。一開始老師的氣功課程著重在功法的動作講授，但她真正想要分享的是靜心的體驗，希望人們都能夠學習靜心而過著真正自由、解脫的生活，於是在課程中帶入靜心、覺察的內容。除了氣功、靜心課程，素珍老師對於家族能量的運作也有她獨到的觀察與見解，協助許多生活面臨重大困擾的學員，找回與家族能量的連結，喚醒個人內在的力量。

八年來，她不厭其煩地講述她在靜心及家族能量的體會。講述的內容錄音檔案經過學員整理成文字，由宗燁老師陸續發表於部落格及臉書，期望協助更多朋友學習靜心。二〇一六年九月底，老師跟大夥出遊。在宜蘭大溪國小的海邊，靜靜坐著看海、聽浪。有很長的靜默時間，在那當下，我覺得素珍老師已經將現階段我們能領受的都給了我們。那些無法用言語教導的，必須要靠自己的注意、覺察、體會、領悟。而老師的愛，長在我心中。

黃秋玉（資深學員）

同學的學習心得：

瑩珠：我原本是把自己隔離人群，寧願孤獨也不想與人靠近，我害怕別人傷害我，害怕拒絕別人後的自責會讓我無法面對自己。這些在我學習靜心與家族能量後，慢慢地、逐步地改善。而如今與家人關係緊密，能自然與同學朋友互動，真正感受到自己夢寐以求的輕鬆自在，很感動也很感謝這些學習的機緣。

淑娟：跟著老師學習家族能量、靜心、釋放、探究之後，以前非常困擾我的事漸漸不是問題。在這些障礙慢慢鬆綁以後，我可以很容易靠近以前畏懼的人，跟他們說話，也不再怕別人生氣，同時能夠表達我的需求。在很多障礙鬆綁的同時，也發自內心地感到喜悅與自由。

香如：學習氣功靜心以前，對於和父母，孩子的關係，總是有好多的抱怨和期待，時時陷入受傷自憐的狀態而不自知。透過老師的教導，帶著我們打拳，學習靜心和覺察後，了解到痛苦煩惱都是頭腦製造出來的念頭。隨著自以為是的思考模式漸漸鬆綁，才發現自己和父母、孩子的關係，竟然在不知不覺間，變得溫暖和諧。

慧臻：曾經我不信任這個世界，將所有人狠狠推開，透過靜心、家族能量，現在，我開始學習，擁抱這個世界。

倩瑩：學習靜心讓多年來一直尋找愛的我，得以明白「愛一直都在」。讓我這座噴灑的火山，得以平緩，得以湧出愛的能量。謝謝素珍老師！

蘭芬：穿透死亡和了悟空性的人，才會流露真正的悲心，素珍老師的悲心很自然流露，很容易感受到。

璟萱：跟著素珍老師學習靜心氣功三年多，對我來說最大的改變就是可以感受到別人對我的愛，身邊的一草一木都變得很美好。另外，我也學習了接受，我可以慢慢接受身邊所有的人、事、物而不會去計較好壞，我覺得好輕鬆、好自由。

鳳春：在我的成長過程中發生了很多讓我無法理解的事，那時我受了極大的傷害，卻又無人可訴，內心非常委屈，甚至怨恨他們。我將憤怒、生氣藏在心中，長期壓抑情緒下，我過得很不快樂、不開心，也不知道自己怎麼了。直到跟著素珍老師學習氣功、靜心、當家族能量代表，慢慢地學習注意自己內在生起的反應，有機會清理障礙。

有一天，在課程結束前的靜坐，一閉上眼浮現的是過去曾經傷害我的人，很自然又神奇的事情發生了，我理解了他們的身不由己，不停地流下眼淚，這是充滿喜悅與愛的淚水。我看著他們的臉，我感受到我對他們的怨已轉為愛，發自內心地愛他們，也願意祝福他們。

冰麗：以前出門害怕看見別人飄過來的眼神，心想他一定不喜歡我，常感到我不配活在世上。

學習後才知道，國中時母親受病痛折磨而過世，對我影響很深。

生命似乎從「看見」開始轉變，愛從體會中產生了，一個擁抱，一次的敬重，把命運歸還，留下祝福，愛，此刻連結了，內在裡也變得勇敢、有力量了，感覺心打開了，有開心，有難過，有生氣，又有莫名的喜悅，感覺活著了。

知音：本來以為，素珍老師帶領的氣功練的是身體健康，慢慢感受到，這練的是心。跟隨老師在動作當下的提醒，感受手的移動，感受腳的移動，去聽身邊的聲音，去看念頭……，我的淚緩緩流下，在這片刻，我感受到平靜，屬於我自己的，簡單而純粹的生命能量。

素芬：在上課之前，閱讀部落格歸來文章有好一段時間，老師的談話就像一位智者，觸動到我的內心深處。記得第一天到教室看到老師，眼淚就掉個不停。從未接觸過氣功，就跟著做動作，剛開始對無形的氣不太有感覺，卻很喜歡，每週最期待的竟然不是假日而是週二，到這天就像個興奮的小孩，總想早一點到教室等待上課，也不想缺課，而在工作上卻是每天上班遲到的人。

課程九個月來，收穫良多，很多都是沒預期到的，光這個注意，就如一盞明燈，引領回家的路。

前言

記得從高中開始，雖然不須為現實生活煩惱，但心裡始終不輕鬆，我一直在找尋，但是也不知道要找什麼。翻遍了當時圖書館心靈的書籍還是很困惑。讀了心理系想從理論找答案，也經常逛書店搜尋每一本新書。進研究所以後開始想從心靈課程找到答案，於是上過許多老師的課、參加各類的團體，體會到發洩情緒可以暫時感覺舒暢，但並沒有停止找尋的腳步。

尋尋覓覓的我，卻是在跟素珍老師學習之後，驀然回首才發現自己已經不再找尋。原來我會一直遍尋不著是因為我弄錯了方向，即使再好的理論或技巧對我只是暫時的安慰劑，因為我始終沒有回首面對想要找尋的背後——那個匱乏的心。

學習靜心與釋放後我才知道，原來我的心靈深處藏著那麼多讓自己受苦的信念跟以為。而這些苦就像心理的背景無所不在。學習從起心動念當中循線找到深層的苦痛，了解並鬆開它們讓生命越來越輕盈。很高興能夠藉由這本書分享素珍老師的教導，期待有緣人能找到回家的路。

為讓讀者順利了解本書的特別用語，可以先參考以下的舉例與說明：

跟自己連結

剛開始接觸氣功時我覺得這功法很好，便鼓勵家人也去學，但是家人卻興趣缺缺。還不死心的我有一次跟哥哥說：「我先教你好了。」他說：「有沒有最簡單的，一招就好了。」聽了心裡有點生氣，想說我這麼好意，你卻不當一回事。通常我們不愉快的時候，不是責怪對方就是忍下來，或是用一些好的想法來掩蓋不舒服，無論發洩出來或忍下來都稱為跟自己沒有連結。只是這樣的模式就會不斷的累積情緒與阻礙關係，因為錯過了從這件事去了解與發現自己的機會。

跟自己連結就是不帶批判的觀察自己，這樣才能從這個表面的情緒進一步的認識自己，發現更深層的信念或傷害。當我注意這份怒氣時，發現背後的想法是我覺得好的東西，期望你也可以認同。當我意識到這點的時候生氣自然不見了，原來表面為對方好的舉動卻是藏著自己想要被認同的需要。

還沒學習靜心之前以為被認同是件理所當然的事，也常常不自知地在尋求被認同，好像被認同了就會有種歸屬感跟安全感；然而素珍老師帶我們看見其實這是頭腦的誤解，因為不管怎麼做，歸屬感與安全感始終只是逃避痛苦的寄託，只需別人的一句話、一個眼神、一個變動就會被打回原形。

渴望被認同背後的心理因素很多，如被排擠，被否定、孤單或空虛等等。因為我們從來不會也沒有學習如何面對這些傷痛或障礙，而是讓思想頭腦的習慣反應，驅動我們去擺脫或對抗這些痛苦，所以不斷的想要證明自己是對的、好的、重要的、優秀的。

這裡素珍老師指出一個非常重要的洞見就是：對痛苦的思想反應就是延續痛苦。例如我內在覺得自己不夠好，所以希望家人來認同我所做的事，表面上似乎是如果得到認同了就會安心一下，其實卻是更強化原來的「認為自己不夠好」，因為想被認同的想法就是從覺得自己不夠好所反應出來的。

換句話說，我們常常被內心的背景程式驅動著，很理所當然就這樣反應，卻對於這些程式會把我們帶往何處一點都不明白。這些背景程式就是我們很多的「以為」，我以為只要被認同就有歸屬感，我以為被讚賞就會有價值，我以為大家有共同的興趣，我就不孤單，我以為你們開心，我就開心⋯⋯。

當我沒有覺察這些以為的時候，就會不斷地在希望與失望之間反覆受苦。只有注意到這些以為，看到這些只是以為而不是事實，認清這些只是從過去的傷害所投射出來的虛假目標，自然可以不費力氣地跳脫出來。

關於愛

從我的例子也可以看到，表面上我的好意背後其實是討愛，然而別人認同我，我就得到愛了嗎？還是依舊匱乏？對方有能力給愛嗎？愛是什麼？本書揭露了關於愛的真相，請你一起來探討。

障礙

受傷時我們會生出很多的信念跟以為，例如我沒有用、我不夠好，然後以為只要討好別人，讓別人喜歡我，這樣我就是有用的人了，接著就會終其一生都在這些信念跟以為中打轉。老師把這些傷害跟相關的反應稱為障礙。障礙就是過不去的點，所以只要碰觸到就會生起很大的煩惱，並在這裡卡住；也因為過不去，於是在不同的時空都會重複相同的受苦劇情。

在關係中，很容易碰觸到彼此的傷害並且從傷害做反應，障礙也意味著阻礙關係中愛的流動，同時它也阻擋了我們原本的覺性。

同在或陷進去思想

藉由動作中注意手腳的移動（詳書上練習），很自然地一定會開始想其他的事情，這時候意識到被念頭帶走了就回到動作上，慢慢地心就容易安定下來，因為這些念頭就是反映與延續平常的煩惱。漸漸地當念頭飄走時很快地就知道要回來，這樣可以說自己跟念頭之間開始有距離，這是觀察念頭的基礎；反之，跟隨著念頭去想過去或等一下的事而無視於當下的動作，這叫做陷進去思想裡。當我們可以純粹地注意動作而沒有陷入過去與未來的想法，可以說就是一種同在的狀態。

同樣的，當我不自知地帶著渴望、被認同的動機，去邀請家人也來喜歡氣功時，就叫做陷進去；當我注意到生出一個要被認同的想法時，叫做跟念頭有距離。

止與清理

可以注意念頭才能停止繼續製造受苦的事件與關係，例如看到自己又想拿別人的成就跟配偶比較時，能夠了解這樣做只是傷害，也看到想比較背後的不安，比較的念頭自動停下來，這樣可以稱為「止」。

遇到挑戰或煩惱現前時，如果沒有學習就會忙著解決表面的問題或事件，於是又陷入原來障礙的受苦模式之中。就像一直想要被認同，當對方反應不如預期時就會覺得失望、挫折，大部分的反應就是我要如何才能被肯定或是乾脆放棄，這就是陷入過去障礙的反應。

學習感官覺知，如注意動作或聽聲音，可以跟這些反應保持距離，既不落入自己是失敗者的認為，也不會企圖擺脫這個挫敗感，念頭暫時止息地注意這個挫敗，沒有動機與想法地跟這個狀態在一起叫做「同在」。如此挫敗感就會流動，也許是生氣接著是哀傷……，一層一層的情緒就會鬆開，甚至會出現這個障礙的源頭是過去曾經被嘲笑的記憶，也看到了自己以為只要被讚美就可以擺脫羞愧感，這樣的過程就是了解與清理。

從另一方面說，小時候被嘲笑的傷害生出我不如人的信念，頭腦會從我不如人衍生出各種變裝，例如努力想證明自己有能力，別人會的我也一定要會，只做有把握的事，積極想要收集他人的讚美與認同，無法忍受別人不同意見，極力要求家人要表現好……。我們就會在這些受傷記憶的變裝中疲於奔命，製造種種辛苦煩惱。「同在」不僅是鬆開表面的情緒，更可以從障礙的源頭鬆開，整個衍生的受苦的模式也會脫落，這樣的清理會很自然地帶來自由與平靜。

面對所謂的負面情緒，其實不需要做什麼，只需要「同在」，它甚至能夠鬆開意識深層的傷痛也帶來了解，它是究竟的療癒。

點亮自己內心的光明

本書不是理論、知識的談論，而是一本認識自己的燭光，每篇短文都可以拿來在生活中觀察自己、發現自己，所以本書重點不在增加讀者的知識概念，相反的，可以如實地注意自己將會減少很多束縛，鬆開障礙，往愛與自由的方向移動。

剛開始聽素珍老師教導的人可能有時會聽不懂，因為我們完全被內在的信念跟以為推動著，一步一步地在經歷這些思想所延伸的心理歷程。當我們在討好的當下，完全沒有意識到這個動作背後的恐懼與痛苦，也看不到接下來必經的委屈與不平乃至更孤單，就像盲人走在軌道上，對於起點與下一站毫無所悉。

老師的話語就像立足於山頂的覺者，已清楚看見每條心理軌道的起點與終點，以及彼此的關聯。她從這樣的高度提醒我們要去注意自己的念頭，去看到自己的受苦模式，所以也不用太努力去思辨這些短文，而是藉由這些文字注意自己，只要領悟隻字片語，其實每一篇都是相通的。當我們可以逐漸地體會老師所說的心理路線與受苦模式，就更能感受老師想要帶領我們去體悟她所領悟的那份愛與慈悲。

目錄

自序

在我30幾歲時，家裡連續每隔兩三個月間，就有位家人死掉，大概一年裡面死了三個人，有兩個是自殺的，一個是重病。我這樣經歷過來，他們的後事都是我在處理，這樣整個過程下來，最後是我母親過世。

這些事情都處理完了以後，太痛苦，我沒有辦法面對我的痛苦，無法承受，我就逃避。每天下班就唱歌、喝酒、打麻將，每天玩到十一、二點。那一些唱歌、喝酒對我一點吸引力都沒有，而是我的內在非常的痛苦，我不懂得怎麼樣去面對，我不知道，我無法學習去面對，那個時候也沒有這個因緣，然後就這樣子大概過了四、五個月。

就這樣子每天行屍走肉，然後突然間有一天，我們因打麻將要買便當，我就站在那個大樓的下面，等便當送過來，等很久都沒有送來，我就在那裡等。突然間一陣風吹過來，突然有一種很強烈的感覺，就是我到底在幹什麼？我覺得那一陣風，可能是菩薩吹過來的，從那一刻開始，我就不打了，開始要去學佛、要去學習。

我不知道什麼原因，可能就是那一陣風一吹，我突然意識到，我在麻醉我自己，我在逃避我的痛，從那一刻開始，我就開始學習，但我不知道，到底要去哪裡學習。我到了很多地方去找老師，然後每到一個地方就失望一次，真的很失望，因為我看到他們，可能不是要我學的，我不知道，我只是很失望，到最後我又必須獨自面對我自己。

這其實是一種，已經走投無路的那種感覺，然後記得第一次去寺院裡，遇到師父，我跟師父說：「師父我要來出家。」師父說：「你放得下嗎？」我說，我已經一無所有。然後師父說：「喔！你境界很高。」後來我才知道，我們兩個講的是不同境界。我說的一無所有，是我的父母、我最愛的人，還有包括所有一切的人，反正所有的一切通通沒了。

然後我想哭，也不曉得哭給誰聽，反正就是走投無路了，我覺得一無所有，雖然可能還有一些錢，可是我覺得生命好空洞，一點意義都沒有。

最後我只好自己面對自己，我每天就是坐著哭，有時候我會唸經典，然後會拜，有時候我痛苦時，每拜一下的時候，我就去讓那個痛苦吞噬我，然後唸經的時候，也是讓那個痛苦吞噬我。就這樣經歷了不知道多久，突然間有一天好像被雷打到，就是突然看見我自己的死亡，那個死亡並不是我的肉體死亡，事實上，是突然看到我自己在受苦的根源。

我覺得那個好像啪一下如同閃電就把你打到，一剎那的感覺，那個感覺非常的強烈，不知道要怎麼樣形容，然後從那天開始，我就沒有辦法睡，我沒有辦法睡，我就坐在那個地方，能量非常強，然後精神非常好。過去的東西，過去的障礙就一直一直出現，從小到大的一些障礙，它一直跑出來，然後每一個障礙跑出來，都被我釋放，雖然當時我不知道這個叫釋放。

因為每個東西跑出來的時候，我都沒有做任何事，我只是讓這個痛苦吞噬我，我就是承受那個痛苦，我不知道為什麼，因為我覺得反正我一無所有了，我還要做什麼，我就是讓這個痛苦出來，沒有想到這個痛苦，所有從小到大的障礙一直出現。每出現一個就釋放一個，就這樣子接連好幾天，我沒有辦法睡，處在一種，你沒有辦法停下來的狀態，五、六天以後，沒力氣了開始哭，哭大家都忘記要醒過來！

如果每一個人可以這樣醒過來，覺知自己的痛苦的根源，發現這一切的時候，那個痛苦，它不再是痛苦，其實它還有很多層的意義存在。只是我們沒有辦法去感受這個痛苦，去讓它跟我們同在，讓它告訴我們，它的內容。我們很急著要把這個痛苦排除掉，我們急著要把它消滅掉，我們急著要對這些痛苦做些什麼。

我一痛苦就馬上去喝咖啡，我一痛苦馬上去麻醉自己，找我的麻醉劑，我們對這個痛苦毫無招架的能力。所以我們從來沒有辦法，跟我們自己痛苦跟障礙交手，那一次是因為我已經山窮水盡、走投無路，找不到老師教我，世間任何東西我已經沒興趣了，我做任何事情，即使我在麻醉自己的時候，我也是很痛苦、很不快樂，只是暫時地不要去想那個痛苦。

所以也是因為我們的這種慣性，一直把我們的痛苦，延後、延後、延後、一直壓、一直藏、一直藏，所以我們的痛苦才會永遠沒有盡頭。我不知道我一無所有的時候，我就是讓這個痛苦，讓它一直出來，當它再出現的時候，我慶幸我什麼都沒做，就只是讓它出來，我就只是在承受那種苦。當在這個過程，過了之後，我覺得我的力量變很強，我覺得我的能量很強，我對生命的感受完全不同。

這個就是最後我為什麼會哭，如果每一個人，可以去感受自己的這一些東西，生命對他來說不一樣，這個就是靈魂的轉化，我覺得這個東西，對我們每一個人來說相當重要，如果我們的心性、我們的習性，一直在這個地方沒有去轉化時，不管你來多少次，這個痛苦依然存在。所以我哭，哭大家忘記要醒過來，就是這樣哭，我很希望大家可以就如同我講的，我哭了好幾天的那種，經歷那種醒過來的感覺。不是只是這一生這一世，它會影響很長很遠的時間。自從那一次之後，我覺得我的生命，是脫胎換骨。我從小就有一種感覺，不論我做什麼事情，都有沒有辦法真正把心打開，無論是真正多美好的事物，或是給你獲得金錢，或是擁有帥的男朋友，我都不會覺得很開心。

始終有這種心境存在，我覺得這就是要醒過來，當經歷過那個過程之後，我覺得我們的心性不同時，面對我們生命不同的過程遭遇，它是一種淨化。

所以這個地方很重要，非常重要，太重要了，所以我哭，希望大家可以覺醒，因為這個影響太大了、太久了，可是又不能逼人家。那時候有一種很殷切，覺得只要你醒過來，這些問題，你自己會清楚，你現在所執著的，你現在所牽掛的那個東西，不是那一回事，它不是那麼單純那一回事。我怎麼跟你說，你無法體會，可是你要自己學習。

解讀

01 各自解讀

對同一件事，我們自己都會有自身的制約跟解讀，別人也會有他的解讀。相對於事件本身，解讀可能是偏差、複雜的，彼此的解讀跟解讀碰在一起，你說攪和得清楚嗎？關係是很困難的，我們勢必要學習從關係裡面去認識自己，這些學習都需要智慧。

02 先入為主

你看到這個人之前，你對他所有的態度與解讀就跑出來了，可是我們都沒有發覺，他只要一講什麼，你的固定反應就出來，這個東西就像是劇本一樣一直重複；可是如果你可以「看見」，這個劇本會停下來，而這個「看見」，其實是需要非常大的功夫。

你看見你自己是怎麼樣地先入為主，把一個人框在這個「你對他的認為」裡面，這個要對自己很誠實，比如說甲是董事長、乙是職員，你對甲的態度跟對乙的態度就不會一樣。

03 注意「心理的悄悄話」

為什麼一句話，十個人聽的反應不一樣，問題就是出在解讀。沒有解讀，後面的問題就沒有了，但通常在解讀的時候，你並不自知，還要一直往那個方向跑，那些思想都是不知不覺地在進行，把類似的經驗跟類似的人物都拉進來，也許時空人物都不同，但劇情都相同。你就掉在解讀所生出來的情景裡面，快樂或痛苦。快樂，你會很想延續；痛苦，你就想要去除。

解讀是從過去的傷害，還有經驗或信念而來，它本身就是一個侷限，不會有新的東西，只是不停地重複。

04 注意內心的認為與解讀

內心的解讀就是意識的內容，這些是讓我們受苦的原因之一。如果你不知不覺，就會因為念頭所生出來的情緒而感傷、孤單或痛苦，受這些意識內容的影響注定要受苦，因為它的本質就是衝突。

我們的「認為」跟「解讀」，本身就是衝突的東西，我們陷在意識的內容必定會受苦，因為無論怎麼想，到最後一定打結，我們受這些念頭影響非常地深，要轉變不是那麼快。但你要去注意它。你只是注意它，無需做任何的更正、修正，光注意就可以了。

我們的思想太過狹隘，它是一直線的，但我們的生活是三百六十度的，陷在這樣的狹隘就會受苦。

例如當慾望出現時，不要去抗拒，也不逃避、不譴責、不辯解，這樣就是跟頭腦沒有關係的狀態，因為製造衝突與痛苦的就是抗拒、逃避、譴責、辯解……，這些都是頭腦的活動。如果能夠如此地跟慾望同在的話，慾望就會被轉化。

洞察情緒

01 觀察憤怒

我們害怕的時候，會採取很多保護措施，「憤怒」就是保護措施之一。如果一直停留在很憤怒的狀態，表示缺乏自我探索。要先允許它，它才會出來。陷入生氣跟讓它出來是不一樣的，生氣只是被惹到，是一種反應；可是讓它出來再去「看」，完全不一樣，「看」就不是生氣了。

讓憤怒能夠流動之後，看到背後的東西，那才是鬆開。憤怒再往內走，就是悲傷、難過、失落；再繼續往內走，就是恐懼。清楚明白深層的東西之後，才有可能自由，這都有一個路線，一個模式。

●●

02 不能生氣的背後

我們很習慣把生氣壓抑下來，但是它絕對不會自行消失，因為壓抑下來的東西，勢必一定要找一個出口。它可能會在我們的關係裡面，產生了一種毒素，變得沒有辦法信任對方，變得沒有辦法去愛對方，同時我們也看不見對方在愛我們，所以這會影響很多。

有「不可以生氣」的想法，通常它背後絕對不是只有一個念頭說：「我不可以生氣！」它一定是一連串的，也許是你過去曾經因為生氣，有過不好的經驗，例如因此被修理；或者因為生氣，產生不好的結果，害了別人。不管如何，這些念頭背後一定有它的因素存在，一定有支持這個念頭存在的一些力量。如果我們能夠看見這些力量，這個被壓抑的生氣，它自然而然就很容易鬆開，這是一種經由覺察而釋放的過程。

03 隱藏的怒氣也會傷人

在關係中，如果覺得生氣，沒有講出來，或許以為沒講出來就沒有問題、不會有傷害，其實這是誤解。即使沒有講出來，這股生氣的能量依舊存在於兩人之間，讓彼此感到沉悶、壓迫，也會繼續傷害彼此的感情，而且會越來越悶。

如果心裡有不愉快，覺得沒辦法跟對方講，要想辦法讓這個情緒可以出來或轉化，絕對不要一直壓下去。尤其為人父母者更需注意，因為會把這些怨氣帶給小孩。不要以為不講就沒事了，小孩會去「承接」這些痛苦。

04 要去注意生氣的背後，是自己的「認為」或是擔心？

我們一定有很多的「認為」，才會把負面情緒壓抑下來，如果沒有這些「認為」，一切就很自然，可以尋求資源協助或是釋放，就是要讓這股能量流動，不然對下一代將有負面影響。

05 情緒會埋進身體

當你處在逃避的階段是不會有感覺的。遇到狀況時，假使某人說他沒有不高興，你只要摸他的身體或肩膀，就可以知道他是不是把這些情緒能量壓下來。如果他說他沒有不高興，而身體也是柔軟的，就表示他是一致的。我們的頭腦習慣性的把跨不過去的能量壓下去，因為我們實在不知道該怎麼辦。長期下來就會導致沒有感覺。

如果我們可以講出來或去「看」的時候，是一件非常好的事情，我們才有可能重新開始有所不同。

我們現在會有這些痛苦，一定是我們累生累世都沒有跨過去。我們的心靈還存在這些障礙，如果到現在我們還是逃避，這些痛苦、煩惱未來還是一直在，所以當下、現在就是一個開始。

06 跟自己連結

假設有一個人說了一句讓我覺得很不舒服的話，可是我還要說：「沒有啊！還好啦！沒關係！」我們把這種不舒服的感覺壓下來。這個時候，我們可能沒有注意到，雖然把這種感覺壓下來，但是始終還是不舒服。

這時候兩個人的關係，絕對不能夠親密跟交流，因為我們始終沒有說出「真正想說的話」。如果我們沒有去覺察「壓下不舒服」後面的恐懼，就會讓這個模式一直在生活當中運作。這個恐懼或許是：怕不被認同、怕關係失和……。

當我們可以開始跟自己連結的時候，我們才有辦法面對這件事情去處理，讓自己的不舒服能夠適當地流動，能夠告訴對方，讓對方也能夠理解；那我們兩個人之間的關係，才有可能不同。這也許叫做智慧吧！

這個的第一步，一定是「覺察」。如果沒有覺察，沒有跟我們自己連結，沒有去了解、看到自己的狀態，就沒有辦法跟對方交流。所以跟自己的連結一定是很重要的。如果我們沒有跟自己有連結，我對自己的生氣沒有適當的流動時，我對對方的態度一定會不好！

壓下來的情緒會一直放在我們的內在，好像是一種毒藥，一直在阻礙我們之間的關係。如果我們不能讓它「出來」或是去面對，這個障礙會始終橫在兩個人之間。其實這障礙只要我們開始去面對時，它可以非常快速地轉化。

07 障礙出來時，自然生出智慧

忽略自己不舒服的根源就是——我害怕。如果跟自己有連結，在我覺察到這份不舒服時，就會讓它開始流動。只要覺察到的那一刻，它就會開始流動，只要我想壓抑它，心生害怕，這不舒服就不會流動。在流動的過程你就會產生洞見，知道面對這件事怎麼做最好、如何跟對方溝通交流最好。這時，你的不舒服已經慢慢消失了，這樣你跟對方才會有關係；而不是把它壓抑下來不要講，這樣會破壞關係，其實是反過來。

家庭的問題就是這樣一點一滴累積起來的，你罵我，我也忍；你喝酒，我也忍，忍到最後就爆發。我們開始在學習的時候，不是去跟他吵架或講出來，而是先讓自己的不舒服流動、「出來」之後，你才能夠有個平靜的頭腦，讓你有能力去處理這件事，而不是因為生氣才去處理。如果沒有平靜，處理就不會完整。我們的頭腦和心要平靜就是跟這些不舒服「同在」，讓障礙出來，覺知這些障礙的過程，洞見就會產生。

08 受苦的時候

人會經歷一些磨難，我認為絕對不是沒有道理的。我們在受苦，經歷這些過程的時候，可以想想或許它還有更多原因，也許是因為我們還不夠寬廣而看不到。當你在覺得受苦的時候，請不要一頭栽在單一的思考模式中，認為：我很可憐、我做了這個那個、別人如何對待我、我多麼努力……。這些全部都是念頭。

不要一直侷限在這個地方，要能夠跳脫出來。我們在受苦的時候要看看「我們是怎麼想的，才會讓我們陷在這個苦裡面」。你要去看到「這個」，例如：「我現在就是覺得我很可憐，很痛苦，我覺得我付出很多、犧牲很多，所以我很不平……」去看到這個很不容易，因為我們一直陷在這種狀況裡。

09 讓人受苦的不是結果，而是——

很多事情我們的態度很重要，有時候，我們認為事情一定要按照所預期的發生，這種一定要怎樣的「認為」跟我們的受苦很有關連。

我們都會認為應該要有某種結果才會快樂，事實上好像不是結果讓我們受苦，而是在這過程當中，我們對自己的否定、要求、逼迫跟害怕讓我們受苦，這些都是念頭造成的。

10 解脫

一件事我怎麼想都不知道該怎麼辦，想了一百個可能的出路但又覺得都不妥，可是又覺得這件事對我影響很大、很深，我又無法忍受現狀，也不接受即將發生的狀態，可是我又無力去轉變，所以我就陷在這種膠著的狀態，接著就衍生出我不如怎樣或乾脆怎樣，反正不管怎麼鑽，都鑽不出去。這種感覺就叫做痛苦。

解脫是發生這樣的狀態時，我馬上可以看清楚這件事情的真相，知道該怎麼做或做什麼，或是我該如何面對。遇到任何挑戰不會受太大影響，痛苦不會太深太久，很快就可以學到該怎麼面對。經歷這些過程，你才會有智慧；你有智慧以後，這些事就不會發生在你前面，不會再來了，因為你已經會了。你要知道，現在的問題，是因為我們還沒有學會怎樣去面對它，而不是這些問題很難，不是問題無解，而是我們還沒找到解方。

●●

11 我是孤單的奴隸？

看電影或聊天，這些都是比較粗鈍的能量，這些感覺比較強烈，也有吸引力，可以暫時讓我們很快忘掉痛苦。我們內在深層的障礙是屬於非常精細的能量，如果沒有覺察的力量跟它互動、跟它同在，是不可能跨越這點的。逃避是相當容易的，只要去購物……。

對於孤單痛苦，我們未曾真正碰觸過，只是因為很怕孤單而做了很多事情，始終不了解它，變成一直被它掌控，成了孤單的奴隸。孤單驅迫著我們去討好別人、要趕快做出成績、要變得很厲害……。孤單就是這些行為的動機源頭，不管怎麼做，還是它的奴隸，最後一定會很挫折。

孤單有多大，挫折就會有多大，這是一定的。一直處在對立的狀態，挫折過後，接下來再打起精神，重新再來一次，一次又一次，最後就是絕望。過程一定會有這個循環。

12 想擺脫孤單會更孤單

因為怕孤單而討好，接下來會有很多問題存在。你會講好聽的話，講別人要聽的話，處處遷就別人。因為你一直在這樣的付出，你沒有得到滋養，你們這份能量跟友誼沒有交流，沒有一個循環，就是單向的，你得不到你要的，對方也沒辦法真正靠近你，所以經過一段時間，這個關係一定會斷掉，無法維持長久。這個時候，你就會跌到以前想擺脫的孤單，不斷在這裡重複。而「靜心」就是可以看到這些。

13 「念頭」在支持孤單、寂寞

為什麼我們會一直陷在孤單、寂寞？當它出現時，你會很想找人陪伴，或是會想到以前快樂的感覺，或是你會覺得失去了什麼很可惜。一定是這些念頭沒有被你注意到，所以孤單寂寞會一直重複。

例如你覺得很遺憾，對過去的戀情仍然很不捨，就很想重回過去，一定有個念頭在支持孤單、寂寞。你沒有辦法注意到這些心念的時候，孤單是不會停止的，這是重點。所以為何跨不過去，你一定有沒注意到的念頭，或是對某件事還很痛苦生氣，也會變成寂寞、空虛。沒有注意，就無法發現念頭，自然這些模式會停不下來。

14 對自憐的觀察

一個人為何要自憐？如果完全沒有好處何必自憐？繼續生氣、停留在受害者的狀態可以保留面子跟尊嚴，不用去了解事件的整體，不用為事情的挫敗負責，甚至還可以博得同情。扮演受害者、自憐，讓索討有正當性，但是它對生命的殺傷力很大，它也是種自我否定，讓人很難爬出來，腐蝕生活的很多層面。問題是，當我們在自憐時能不能注意到？

15 離別為何會苦

離別，為什麼離別讓我們覺得害怕跟傷心？因為那個我喜歡的人，那個我愛的人，那個能夠讓我快樂的人，他離開我了，他走了，我再也看不到他，我的快樂就跟著他走了，然後我就不能夠再繼續快樂了。

也許他可以給我一些經濟上的支撐，或者是精神上、心理上的一種安慰。他離開我了，所以這個離別給我的痛，就是我不再能夠擁有那些安全感、快樂的感覺，失去了這個依靠。

實際上讓我痛苦的不是對方，而是我失去了我的快樂與安全感，因為透過對方，我可以擁有這些，所以我在乎的是我自己！

16 結束離別的悲傷

假設有一天，我最愛的親人離開我了，他死了！我經常思念他，看著他的照片，想著以前跟他在一起的快樂，這時候我就會陷在悲傷跟失去所愛的痛苦裡面。

如果可以看到，我這樣的狀態是陷入「記憶」、「害怕失去的執著」，我可以了解這一點，我可以往這裡面去看的時候，那麼這個執著會了結、會結束。但是注意，結束的是「我對他要一直在我身邊的執著」，而不是「我對他的愛」，清楚這點很重要。

這個執念，是我們內在要去學習、要去注意到的部分。當我們可以明白這點的時候，如果有一個人可以說：「我結束我對他的執著，我沒有結束我對他的愛。」你們知道這會發生什麼事嗎？這個影響很大！

17 能不能重回「往日的美好」？

如果我們曾經擁有過非常美好的時光，當這快樂消退之後，我們往往就會想要重複這種快樂，重新再擁有這種感覺，這就是慾望上來了。然後你會試圖採取很多方式，想要重新經歷那種感覺。在這過程裡面，你會想盡辦法，竭盡所能，但終究會感到挫折，因為你不可能再重回當初的美好，那是不可能的，可是我們以為可能，所以就會在裡面製造痛苦。

當你想要重複那個美好的感覺，表示那件事已經逝去。要抓取逝去的事物是一種執念，跟過去的美好無關。你覺得美好的事物，那個美好是自然發生的，當你想要抓取時，就是一種努力跟刻意，自然就不可能。

18 懷念過去

有些時候，我們會執著美好回憶，甚至經常在心中重覆的播放，期望回到這個狀態；然而這種期望回到「過去的美好」，無疑就是將肥料跟水澆在枯死的花朵上，等於把能量灌進了死胡同，想一想是不是這樣呢？

重複回憶美好的狀態、畫面，或希望回到過去美好的模式，是不是在現實生活中，我們對於現狀不滿意或失落，所以才會有這樣的回憶？如果我們對現況非常滿意的時候，那些回憶也不過是回憶罷了。

19 快樂與美好，無須緊抓

當你想要延續快樂的時候，表示你對現在的生活不滿意，拿現況跟曾經的快樂做比較。

當我們的心境不一樣，可以欣賞的時候，就會有很多美好、快樂的感覺。而且在那一刻，馬上當下享受那種快樂了，不用等，然後不用想要延續，因為等一下會有更不一樣的快樂，只是我們能不能去注意到而已。

20 妒恨的另類「好處」

我們開始比較的時候，有時候會生出忌妒。認為他比我好，這也會產生恐懼，然後再產生敵意，我對他的態度就不好了，產生敵意之後，就有怨恨。當我們開始比較時，是不是會有這樣的過程？一方面我心裡有敵意，另一方面我內在還有許多其他的感覺，你們知道是什麼嗎？

我們每個人都有這個東西，你如果去覺察到內在其他面的情況，你的比較會馬上停止。有沒有發現，當你怨恨的時候，心裡面會有某種程度的快感？

有沒有發現，為什麼有這麼多不開心的障礙，而沒有辦法解脫？因為沒「看到」全貌，只「看到」對他的怨恨、衝突，而沒「看到」其他面的時候，是解脫不了的。我對你存有怨恨、敵意的時候，另外一面是有愉悅的，可以去注意是不是如此。

為什麼累世以來這個族群，跟那個族群，為什麼一直延續這個仇恨？當我不如你的時候，如果我可以仇恨你，我至少可以擁有對你的鄙視，可以鄙視你，心裡面不接納。這種鄙視、不接納才能平衡因比較而來的自卑。

這個平衡感如果不存在的時候，比較就會消失，是不是這樣？所以當我們受苦的時候，另外一面，我在這裡受苦，裡面絕對有「好處」，你看不到這個「好處」的時候，你是不會覺醒的。所以，我們必須對自己非常誠實跟老實。

21 我想跟你一樣

嫉妒就是你擁有我想要的，但我卻沒有或得不到，接著就憤怒，表現出來的就是排斥別人。殊不知這也是另外一種形式的否定自己，因為自己認同了自身的匱乏、不如與不堪。嫉妒有多大，就反映他的自覺卑微與不足有多深。這些情緒發展到極致會轉成對他人的怨恨，具有很大的殺傷力。

嫉妒同時也是迂迴的認同被嫉妒的對象，認同他的「有」來凸顯自己的「沒有」，這些過程的根源就是恐懼、害怕失去某人或害怕失去依賴的對象。障礙出現時，如果一直關注在對方或事件本身，這個障礙就會一直重複，煩惱不會停止，要回到自己身上才會停止受苦。

22 傲慢就是恐懼

傲慢就是把自己預設在較高的位階，在這個高度可以覺得優越感或壯大，這裡有種欲望的滿足以及「安全感」，可是他就必須把某些事做得很好去得到認同，這些一定會遇到挫折，因為這是無止盡的，一旦傲慢被瓦解又會掉回原本的恐懼。

23 害怕未知

我們誤以為自己害怕「未知」，其實我們怕的不是「未知」會怎樣，我們怕的是「已知」會不會怎麼樣。我現在有一仟億啊，我的一仟億不見了；或是我有十棟房子，十棟房子不見了；或是現在我有一個很愛我的老公，這個老公現在不愛我了。我怕的是這一些不見了，而不是那個不知道的不見，是我們一直不了解。

什麼是「未知」？我們沒有去「看」它，所以變得很複雜，我們對未知投射很多的頭腦運作，投射很多的想法，這想法包括過去的經驗記憶，如此就沒完沒了。當我們真的開始去面對它的時候，它是不是就變得很單純？現在我們開始學習簡單的面對這兩個字「恐懼」。如果你沒有投射你的頭腦運作時，它就變得很單純，單純到其實我們可以跟它同在。

24 茫然

我們所做的很多事，都不是自己真正喜歡的，因為需要被認同、害怕跟別人不一樣，也害怕一無所有，只好勉強自己做不喜歡的，結果大部分的人根本不知道自己喜歡做什麼，所知道的喜歡都只是頭腦以為的喜歡。如果一個人活在世間，都不知道自己喜歡什麼，一定活得很匱乏、枯燥，只是似乎大家都這樣，所以這種現象就變得不奇怪。

25 追尋

我們不知道哪一個適合我們的時候，就會有一種追尋。為何需要追尋？因為我們心裡面有一個很大的「缺口」，所以，我們想要透過追尋來填補。我們的生命當中，一生都在不斷的追尋，到最後我們已經不知道要追尋什麼？所以，我們變成機械式地從事追尋的活動。

事實上，這個追尋非常有意義，必須深入探討。追尋有兩種，一種是我內在有不滿足、茫然，如果我不去碰觸我內心的痛苦，那我到底該如何？我不知道該怎麼辦？這種追尋是內心非常困惑的一種狀態。

另有一種追尋則完全跟這種狀態相反，他沒有任何目的。第一種追尋，始終沒有辦法安定下來的追尋，也許是要找尋一個歸屬感，一個安全感，一個避風港，這是我們的生活方式之一。

26 我們如何孤立自己？

我們在什麼時候會感覺到寂寞、空虛？寂寞就是我們跟所有的關係都產生了一種無法相容的感覺，特別是跟親密關係的人之間產生了「孤立」的感覺。我們非常非常少去注意這個部分——「孤立」的感覺。有沒有發覺，我們怎麼樣把自己孤立起來？

在關係中，我們對對方有期望時，一開始會做很多事，結果發現，原來我們沒有愛，我們在乎、重視的是自己。當我們重視自己的過程受到阻礙的時候，便開始痛苦。如果這個過程不受阻礙，他人還說：「你做得很好，我很感激你。」我們整天就很開心，是不是這樣？所以當這個過程受阻礙的時候，我們就會覺得痛苦來了。

其實我們內在的動機，出發點是為了我們自己，看見這個事實才能解脫。而不是說我有愛你，我有為你做什麼。如果我們一直沒有辦法真正的對自己誠實的時候，我們還是會陷在原來的無明裡面。

當我們這個模式受阻的時候，我們會痛苦，然後會覺得跟家人、所愛的人，有著「你都不了解我」的失落，「沒有看到我怎麼用心」，所以我們的出發點是要他的認同，期望不要失去互相需要的感覺。當我們的出發點並非出自我們最原始的、本來具足的那個愛，而是從頭腦出發的時候，我們注定是要孤立。

27 好強是為了保護卑微

同學：我拉不下臉去承認疏失或歉意？

老師：其實，承認是跟自己承認不是跟別人承認，想必你把自己抬得有點高度的時候，承認才會有羞愧；如果你沒有抬高自己，就不會覺得拉不下臉、丟臉。儘管想像著會被瞧不起，可是你表現得卻是很強勢與高姿態，藉此保護卑微，這種狀態其實讓你很不舒服，也讓別人覺得你有距離無法靠近，而你也覺得別人不了解你，這種頭腦的模式殺傷力很大。

卑微的人用好強來包裝那個卑微，然後現在要去承認，就會覺得包裝要破滅了。所以他其實不是好強，只是短暫表現出好強，反而脆弱才需要表現好強，才需要武裝；如果你已經很強了，你就不用武裝。

●●

28 被排除

當我們覺得被排除時，會覺得很憤怒；而因為憤怒，我們會生出一些業力，因為頭腦的延伸是四面八方的，這會在與朋友、配偶的關係中產生作用。例如：如果朋友出去玩，沒有找我，我就會不高興，可能就會跟朋友吵架，關係就會不好。

這會再衍生出很多問題，也會衍生出很多業力。跟配偶，也常常會需要去證明這些，也會製造出很多業力。所以現在這些問題，我們能看到的也只是表面的；事實上，這些能量都已經在深層的意識層面延續很久了。

只是我們會一直用各種方式在逃避。當我們沒有注意的時候、我們跟自己逃避痛苦的模式綁在一起的時候，根本感受不到、也看不到。

學習靜心就是為了跟這些模式有一個距離，可以跳脫出來。當你可以跳脫出來時，才是一個真正的開始；以前你跟它綁在一起的時候，你是毫無能力可以跳脫，毫無能力可以自由，現在正要開始一個徹底究竟的自由。這才是一個開始，真正的開始。

29 情緒會以很多面貌呈現

情緒上來的時候，你是怎麼發現的？當它出現時，可能自己也不知道，有時候也許是：我現在很憤怒，所以去打小孩。用打小孩的方式在呈現情緒。

所以這裡最重要的是，你能不能覺知到它？有時你會覺得不舒服；有時是用一直吃東西或是一直買東西的方式在呈現情緒，你能不能知道？

問題就是：你能不能知道？

學習去覺察這些東西，就是你能不能注意到，有時候我們很習以為常的說：「那就是這樣啊，沒有什麼！」

有時候我們已經養成習性了，你就覺得說，它是理所當然；可是，其實理不所、也不當然，是情緒用這種方式在呈現，久而久之，我們就以為這樣就是正常的。

所以覺察，還有同在，就是去注意我們每一個想法或行為，也就是我們的頭腦。當你可以開始注意你的任何想法或行為，譬如：你察覺到自己在不舒服，你察覺自己在買東西（在焦慮）。

這是覺察的第一步，接下來你會覺得「這樣可以？或不可以？」就是連對給自己「我覺得我不可以這樣」的規定，都可以覺察到。

可以覺察到，你連對給自己的規定都有一個距離，這叫做同在。譬如說：你對買東西這個行為，你都很清楚了，不會規定自己可以或不可以，這就是同在。

同在，就是離於抉擇，就是並沒有任何的應該、如何。

凡所有的應該、如何，都是頭腦製造出來的，都是不同在。同在很難，重點不是要你做到同在，而是你能不能看到你「不同在」。你有很多地方，不同在。這才是重點！

不是要你做到同在。你不能注意到的時候，同在並沒有意義，只是成為一種形式而已，重點在你要能夠注意到、你要能夠覺知到你的反應、你的行為、你的想法。這是重點。

30 誠實面對自己是轉化的開始

我們自己和別人的關係，不論是與配偶、小孩或朋友，我們的出發點，假設是出自於自身的害怕、想得到安全感，「我害怕失去你，所以我不得不去煮飯給你吃、不得不幫你洗衣服、不得不幫你生小孩……我做這一些，就有一個保障。」假設我們內在是如此想的時候，這個孤立在關係裡面無法不存在。

非常少人去注意到這一點，雖然說看到這一點很無情、殘忍，但是事實。如果你可以面對這個簡單的事實時，這個孤立會馬上變化，在關係裡面才有可能真正的，真正的愛你的家人，那個真正的愛是不會受傷的，不會讓你受傷，也不會讓你的家人受傷。

我們希望小孩子可以很好，以後有好的工作，當然這是父母的心；可是我們有沒有檢查過，當他不是按照我們的意思時，我們是多麼地展現權威，去左右他的生命、命運。那麼我們的背後是什麼，是不是在孤立自己，孤立我們跟孩子之間的交流。

如果沒有辦法清楚、或真正誠實的面對自己這一點，勢必在關係裡面只剩下這一條路，叫做隔絕、孤立。到最後我們會感覺到寂寞，這個寂寞就是在這個過程之後我們覺得失望了，然後也許那個恐懼暫時停止，甚至是覺得有種無力感、挫折感。而在無力感、挫折感之後，接著，完全沒有辦法再抓取的時候，便會產生空虛感。

31 失去連結，孤單相隨

感覺一下現在的狀態，注意一下身體，每處地方有什麼感覺，有拉緊的、或是鬆開的？或是痠的？肩膀是不是抬得很高？把它放下來。

跟自己在一起，隨時能夠覺察到身體還有念頭的狀態，就是跟我們自己連結。

跟自己連結非常重要，倘若我們不能跟自己連結，我們也沒辦法跟自己的痛苦連結，也無法跟我們的快樂連結，沒辦法跟我們最親愛的人，沒辦法跟這個世界連結。

那麼，沒有了這些連結，我們就會感到非常孤單，假設生命中出現挫折、障礙的時候，我們沒有這種連結的感覺，會覺得很無力、很無助，所以連結很重要！

連結的第一步就是身體的覺察，第二是心念的注意。當我們在練功的時候，我們會不知不覺讓念頭飄到很遠的地方，我們要慢慢的注意到這個，注意到我們在想什麼、我們心裡發生了什麼事，因為這是通往快樂的大門。沒有了這個基礎的覺察，我們會不知道什麼叫作快樂，什麼叫作自由。

注意我們的身體，注意我們的念頭，跟我們自己連結。

關係互動

01 關於助人

所謂的幫助別人，這裡面有很多東西可以學。如果你這裡沒有明白透徹，對自己跟對方都是一件很「危險」的事，因為你會很容易被對方拉著跑。你覺得你在幫他，也許是你投射自己的需要，我說的危險就是這個意思。所以要幫助別人不是件容易的事，最後你會發現沒有人需要別人的幫助。

想要拯救別人，意味著你內在也有自己的東西，可能他的苦跟自己很像，拯救他好像在拯救自己，或者藉由拯救別人，獲得被認同，有一份優越感。想獲取優越感，表示有受傷的記憶，才會需要它。如果沒有循著這些行為的背後，到它根源之處鬆開，就會很難跳脫。

02 注意動機

你要幫一個人，必須非常了解這個人的需要，才有能力幫他。例如這個人主動來開口，他有這個意願，自己有意願，就會有所行動，這時你才能幫忙推一把。這個是他的需要，而不是我的需要，他自己會幫自己，別人只是幫忙推。如果他的心沒有想要這樣，例如，有時是他潛意識裡想要受苦才會感到心安，我們陷入自認的幫忙，其實只是怕自己難過。

注意自己的心態、動機，以此為出發點，讓彼此沒有負擔，這不是幫忙，而是出於愛而做。

03 和事佬的背後

我們要去注意到，是不是都會有同樣的反應模式，比如說看到別人，可能在那裡糾結或吵架，你就會想要去當和事佬。然後你的腳就會開始行動，然後手就過去了。有時我們就會這樣。

就如同我們在家庭裡面，如果家人吵架我們會感覺害怕，覺得吵架了，會有很多的想法跑出來：可能爸爸不要我、媽媽不要我了，哥哥不理我、不對我好了，或者以後我都沒有糖果吃了……，會出現很多念頭。

如果有這個固定的模式，在家裡跟孩子、配偶相處時，這模式一定會出現，然後這個模式一旦出現了，這表示你的頭腦已經運作到某種程度了。

很多念頭都跑過之後，然後你開始去干涉、干預，接著在干預之後，沒有辦法按照所希望的結果時，我們就會覺得痛苦。

因為我們背後有這一些害怕，就會想要去拉攏他們或是勸架，這一些障礙如果我們沒有去學習認識它們，上再多的課，修再多的行都是枉然。所以這個是非常重要的，是我們學習的一個方向，清理我們的障礙。

04 關係可以帶出我們的障礙

我們在關係裡出現的任何障礙，例如固著地期望家人應該如何，都是我們尚未跨過去、或還沒學習完成的東西，藉由關係的互動會呈現這些障礙。如果這時候你把能量拿去解決這個事件，或把焦點放在對方身上，就會錯過自己本身可以提升的機會。這些東西非得藉由關係才有辦法呈現出來，絕對不是一個人坐在那裡看，障礙會自己出現，這一點很重要。我們的關係可以把我們的障礙顯現出來。

所以要去注意我們如何跟家人互動，我對他講什麼話，這些話背後的心態又是什麼。

假設你在覺察的時候，你覺察到自己生氣了，就停下來，你跟這個生氣獨處、同在，到最後你會發現，跟對方沒有關係，是自己的障礙。在這個點上，你的損害就會停止，你不會傷害跟家人的關係，而是往彼此和諧移動。

05 偏見

我們常常看見一件事都很難真正地理解清楚，都是用猜的。「我看他這樣，他可能怎樣了；今天他這樣做，他可能是怎樣了。」然後就開始懷疑，就開始「觀察注意」。結果，我們的注意完全是由懷疑而來的，完全沒有辦法看到很多面向，或是全貌，到最後，因為懷疑之後開始的「注意」，在「注意」兩次、三次以後，就認定一定是如我們猜測的，就確定自己的懷疑是對的。我們是不是都這樣？

若是兩個人都這樣，關係會變得很難交流，很難溝通，演變成彼此都有偏見，然後關係就會卡住了，我覺得很多人都陷在這個模式裡面！所以我們的心中必須有空間，這樣在關係裡面才有秩序；若是沒有秩序，跟家人就不可能和諧，若是帶著懷疑就是心裡沒有空間。

06 怕強勢的人，是因為——

同學：跟比較強勢的人對話，我會退縮的。

老師：對於這個縮起來的狀態你有什麼想法？

同學：害怕別人的憤怒，害怕被攻擊。

老師：害怕，然後呢？我是說，其實你會對比較強勢的人感到退縮，如果可以看清楚在這個退縮背後的想法呢？

同學：我覺得如果我忍到不能忍的時候，我忍耐到最後反彈會很大，我害怕的是那個反擊。

老師：所以你一開始都是在忍耐，等到最後一定會反彈，因為你忍耐這件事，就會讓他越來越形成習慣。那一定是我們一開始就有的顧忌。

同學：害怕最後的反擊會讓別人受傷。

老師：這就是我們常都搞不清楚，溝通跟攻擊是不一樣的。我們要學習，是不是要先能夠平靜，才能夠溝通，而且才能夠看清楚事情的重點，而不是在吵架，在那裡發洩情緒。能夠平靜的時候，事情的重點就非常單純，你所有的能量就可以灌注在這裡，如果我們的障礙不加進來攪和，這件事就是如此的單純了。

07 邀請別人加入「受苦的共舞」

為什麼我們會重複遇到某一類看似「別人來傷害我們」的事件？為什麼要邀請別人來與我們共舞？當沒有對象共舞時，就會產生自憐的行為，可是出現對象時，這個對象就會跟我們共振。

我們跟他之間會有一個連結，看不見的能量，牽引著彼此，然後開始共舞。表面上是我們可能覺得對方在找我麻煩、要傷害我，但事實上它最根本、最深處就是要我們覺醒，因為透過關係的互動，才能看見自己的障礙。有時候我們沒有辦法一下子看到這個點，所以我們會陷在這個糾結裡面，重複受苦。

●●

08 小孩有狀況，為何是我生氣？

假設學校老師打電話來說：「某某家長，你兒子在學校闖了一堆禍！」接到這個電話以後，一般人的反應通常是生氣、傷心、沒有面子、擔心……。請問：他闖禍，為什麼是我生氣？有沒有發覺，為什麼是我生氣，怎麼不是他生氣？

因為他是「我的」小孩，這個「我的」是重點，我生氣是「我的」什麼受影響？其實可以說是「我的」安全感受到威脅，他現在闖禍了，讓我沒面子，他以後讀不到好學校；讀不到好學校，以後沒有好工作；工作不好，收入不好，不能照顧我……。

因此當我在生氣、傷心、覺得沒有面子、擔心時，我在我自己的狀態裡面，這時候已經沒有愛了。我們跟他之間產生了一道牆而無法交流，因為我們看重的是我們自己的受苦，我沒有去了解為何他今天會闖禍。接下來我們通常都會如何處理這件事？這往往是我們沒有察覺自己的恐懼時的反應方式。

我們不知道該如何學習與觀察我們的頭腦運作方式，就是直接地想要擺脫這些生氣、傷心、沒面子的感覺，因此無法學習了解問題的能力，所以問題會一再的發生。

09 小孩會給我們不同的思考方向

想起我小的時候，我的爸爸是一位很暴力的人，會打人，我差不多五、六歲的時候，他曾經打我。然後我長大了，他對大家說：我這小女兒竟然跟我講說：「爸爸你知道嗎，這皮球越打、越拍，它會越跳越高。」他聽到我講這話以後從此不敢打我，其實我爸爸不錯，他聽我講的時候，會去思考，結果是我哥哥跟我弟弟經常被打。

有一次我哥哥惹我爸生氣，氣到我爸爸頭要噴火，那時候我大概十歲，我就跟我爸說：「爸，我問你，假設你今天到山上去，看到一間草屋，附近一個人都沒有，如果你看到草屋裡面有好多好多的金子，你會不會拿？」

我爸就說，如果沒有人，他就會去拿。我說：「哦！你會去拿喔！如果是我看到的話，我不會去拿。」我問他：「你再想想看，你為什麼會去拿？」他就想了好幾分鐘，我就說：「會不會是阿公、阿嬤教你的，教育你可以去拿？是喔！可是我不會去拿，這是你教我的。」他說：「可能對喔！我教你們很嚴格。」「所以我不會去拿是你教我的？」他說：「對！對！對！」那我就說：「哥哥那麼壞是誰教的？」

我才十歲，但爸爸記得這些話，從此以後，我在家裡就好混了。我哥哥、我弟弟要做什麼，全部都叫我去跟爸爸講，因為我爸很怕我。所以有時候，小孩會給我們不同的思考方向。那時的我有給他不同的思考方向，他本來會打人，後來就不打我了。

所以當我們的心很開放時，其實小孩是在教我們。如果我們抱持著開放的心態，我們要引導他，協助他，他就很容易了，如果抱著「我是媽媽，你要聽我的。」這種權威心態，那這苦頭就吃定了！

10 掌控的背後

施暴不是只有肉體上的施暴，有時候語言也是一種施暴，我們強迫他按照我們的意思去過他的人生，這也是一種施暴。「你今天就是要給我當醫生，錢才賺得多！如果你不當醫生的話，我就開始怎樣怎樣。」這也是一種暴力。

這個也是我們要去學習，去注意，可以去「看」的部分，我們常常把我們的配偶、小孩當做是我們的財產，他屬於我們，希望他們能夠按照我的意思。事實上，那是因為我們的內在，想要有一個安全的感覺，他按照我們的意思，我們會不用操心，看是否會讓他「庇蔭」我。

所以這一些狀態，其實都是給我們學習的機會，讓我們的靈魂能夠提升，不要有任何批判的心態出現。如果這個批判出來就表示你已經在沉睡，你沒有在前進。

11 順服與叛逆

成長過程被驅迫、壓迫或者是強迫，有這些壓力的時候，就很容易變成叛逆的性格。有部分的你想要抗拒，想要叛逆、唱反調，另一部分又覺得愧疚。叛逆、作怪的時候很開心，之後又很愧疚，就是因為小時候被壓迫，然後心生一種抗拒。

可是有時又覺得不能抗拒，結果就形成經常性的衝突矛盾。所以你要去看，如果你曾經經歷過被壓迫，或是強迫自己，在成長過程，有被強迫的，通常會形成這樣，你要去看，要去鬆動那裡。

●●

12 孩子叛逆的原因

孩子的叛逆絕對有原因的，真正的原因不是因為父母親打他，打是生氣的結果。應該是父母親的內心對這個小孩有某些信念，例如：父親可能覺得小孩讓他負擔變重，心裡面應該有這樣的感覺，所以這個小孩會接收這種感覺，就會有所反應，有的會叛逆，有的就乾脆擺爛、生活漫無目標，不知道該做什麼，所以這個父親的信念是覺得小孩已經是負擔了還這麼搗蛋，因此很憤怒，其實是因為他有這個信念，所以小孩才搗蛋的。

因為小孩覺得不被接納、不被接受，覺得沒有被接受，在這情況下怎麼會乖，一定會做怪，會有很多反應。也因為爸爸的生活壓力大，可能覺得這個孩子讓他的負擔、壓力變重。爸爸心裡面有這樣的信念時，等於是用這個態度在看小孩：小孩覺得不被接納就作怪，一作怪，父親就會覺得「你都已經給我壓力了，還作怪」，所以就更生氣。表面上是父親的憤怒、指責造成小孩的叛逆，其實真正的原因是父親心裡沒有接納小孩。

信念不只影響自己，帶著這個信念跟家人互動，一定會影響到家人跟下一代。父親心裡覺得負擔很重而家裡人又沒有辦法支持他，當有這樣感覺的時候，就是需要學習、需要提升的時間到了。

13 自己的匱乏，轉為對別人的期望

同學：有時候會氣先生對我不夠大方，好像他對我大方才會感到自己是重要的？

老師：當你生出問題的時候，要回到自己身上，才有一個了解，如果把問題放在別人身上的時候，你是不可能去改變別人的，只是我們問題的出發點往往卻是想要改變別人。

我們的頭腦，常會生出不滿意的地方，這裡不好，那裡不好，這裡要這樣，那裡要那樣，要達成我們的目標，才會快樂，所以我們就陷在這裡：我的另一半如果怎麼樣，我就快樂了。當最後達到目的時，你覺得自己真的會快樂嗎？

我們內在的匱乏跟不足，不斷地生出要更多、更好，這裡沒有停止的話，就會不斷地生出問題。因為把自己的不足投射到別人身上，而去期望對方，所以會有不斷的不滿。

14 索討？

索討成功的就變成依賴、理所當然，下次若對方沒有滿足我，我就憤怒，就變怨恨，好像對方的付出是應該的，欠我的。沒有討到就會不平衡，委屈最後就會自憐。索討，不管討到或沒討到都是受苦的。

這些問題本來就有，我們只是掉進這些狀態裡面。開始學習的人比較不會掉進這些狀態，因為已經了解到，無論索討的結果如何都不會輕鬆。要注意的是，你在什麼狀態底下會索討呢？

15 討愛

人在挫折、困境時，有些人會討關心、討安慰，討不到就很難過，討到就開心一下。如果一直在討，就會永遠陷在這個地方，因為在一直討愛的過程會強化原本的痛苦，痛苦的根會越扎越深。「我很孤單難過，如果得到你的安慰，我就好多了。」可是下次同樣問題來時，又會如此，一直要討、一直要討，你的意識就會有很深的想索討。

這是讓你無法走出痛苦的很大原因。多年下來仍然在此打轉，被這種要討的感覺，掌控整個生活，會輕易地因為別人的一句話影響就難過、傷心。這是不究竟。為什麼會一直要討？一定有個根，如果可以探究到根源，這些感覺很自然就不見了，不需要任何努力。如果有學習靜心，比較可以看見這些東西，才有可能向快樂的方向移動。

16 心中的荒島

我們的內在，有一座「荒島」。這座「荒島」裡面，一根雜草也沒有，一滴水也沒有，一朵花也沒有，一棵樹也沒有，地上全部都是乾的，那是我們內在裡面一個非常飢渴、匱乏、不足的境界。

假設遇到一個條件不錯的對象，鎖定他之後，就開始配合他，佔有他，掌控他，依賴他。然後想要藉著他得到快樂、幸福。為的是什麼？是因為我不敢去面對我心中的那一座枯島，那一座枯島非常的可怕。

現在遇到這個人，我把心中的那個枯島寄託給他，想讓他來豐富我這個島。今天我有了他，可以暫時忘記我的這一座枯島。

我這一座枯島，因為有了他，開始長了一些草出來了。因為我得到幸福，得到安全感了，所以才需要花那麼大力氣，去配合、佔有、掌控他，我才需要很用力的去做這一切。我心中的那一座枯島，多麼的不足，我需要透過這個人，讓我的生命豐富，讓我的枯島裡面有花，讓我的生命有意義，讓我有愛，因為我愛他，所以我的枯島裡面有愛……。

但在這個過程裡面，他可以感受到我們並沒有真的愛他，會感受到有人要壓榨他，最後勢必會演變成關係的破裂；即使沒有破裂，也會覺得心裡有抗拒，最後會覺得他離我們很遠。

每當我失去所擁有的，無論人、事或物的時候，我就被打回那個枯島，我才會這麼痛苦、空虛、空洞，因為我無法面對這個枯島。

17 忘了自己

當我們不能面對自己時，心裡可能會想：「如果你每個月給我二十萬的生活費，我就會覺得很安心、很安全，我們就會很快樂；但是你卻只給我兩萬！」於是我們就會抱怨不已。是不是這樣？

反過來，當我們真的得到二十萬時，會有一種安全感，會有快樂、幸福，這種快樂、幸福，會把我的空虛、空洞、害怕壓下來。注意一下！我心裡面的空虛、空洞，透過你這樣對待我的時候，我可以不用去接觸而得以逃開自己的痛苦。

我們一直把別人當做是我們自己。我投射的是：你給我二十萬，我就幸福，所以我要你這樣做，我要你填補我所需要的！我們是不是都在做這種事？我們一直把別人誤以為是自己，然後忘了自己！忘了自己本來一切具足，最後我們不再相信，不相信自己本來一切具足！

●●

18 在關係中，不以「恐懼」出發與對待

有一些小孩子一出生，也許才幾個月，他就有恐懼。如果人家搶走他的玩具，或是大人對別的小朋友比較好，比較冷落他，他也會害怕。也許我們的生命裡面，我們的細胞裡面，本身就有這個恐懼。

假設我們不知不覺，我們要擺脫它的時候，反而製造障礙。如果它是我們的一部分，我們為何要消滅它？為何要擺脫它？

我們是不是能夠很單純地覺知它？在我們的關係當中，不以這個「恐

懼」出發，在關係裡面不用這個對待。那是不是我們要去覺知到我們的心念？注意到我們的一舉一動？如此一來，我們跟我們所愛的人，可以真正靠近跟交流，而且不用費力。

19 關係中的壓迫感

在關係中如果給對方壓力，這關係絕對不會完整。已經施加的壓力，不管講得再好聽都沒有用，儘管嘴巴講得很好聽，但是那股能量是給你壓力的，顯示比你高，比你優，這時候講什麼都沒有用。

給別人壓力時，身邊人往往不敢講，因為我們很自然地不想讓對方不高興，也不想得罪人，對方也許表面臣服，可是心裡沒有臣服，也不敢講真話，不然就是要吵架，給對方無形的壓力，關係遲早會破裂，一旦破裂就無法修復，除非其中一人跳脫頭腦的反應模式。

這些都是要從小地方去注意的，我們是帶著什麼框框或「認為」，來看待對方：我們覺得對方應該怎樣或不應該怎樣，他不應該背叛我，應該尊重我，應該照顧我……。我們把這些視為理所當然，之後就很容易出現質問、拷問，因為我覺得你錯、我對；反之，當我們覺得沒做到什麼的時候，就感到愧疚，我們就在這裡擺盪。所以要先看到這些框框與認為，再重新檢查跟注意它們，態度和關係才有可能自然地不一樣。

20 起心動念塑造個人的能量

有些事雖然沒有講出來，可是你已經呈現這個能量了。你心裡不爽我的時候，你的不爽，其實我已經收到了，講什麼我們都會容易吵架。我們的想法、感覺，不用講出來，它就呈現了！還沒有講出來的時候，我們的能量已經鬆開了或是拉緊了，那表示平常你的念頭，你的起心動念，你所想的內容，已經一點一滴地塑造你這個人的能量。

所以不要小看你那個跑掉、沒注意到的念頭，那些都是很多的累積造成的。而我們這麼辛苦一點一滴在爬、在提升，就是要跨過我們的這些障礙，然後這些障礙，其實也都不是我們原來的樣子啊！

應該用一個比喻，有一隻孔雀迷路了，跑到一個鴨園，然後就跟鴨群一起生活。久了，牠看到的通通都是鴨，所以牠覺得牠自己也是鴨。那牠到底是不是鴨？

我們現在的痛苦、煩惱，我們的問題或困擾，你誤以為說，那個是你的問題，你要去解決它，這種態度就像那一隻孔雀一樣。你把這個問題看成是你的，然後你要去處理、要去解決它，這就是誤認。如果你沒有辦法清楚這一點，你就會一直在解決問題裡面打轉，導致你永遠解決不了問題，因為問題一直出來。

所以起心動念很重要！若是經常跑掉，就表示你的起心動念，還在逃避啊！有時候已經變成是一種習慣，不知不覺你會這樣。所以要注意，慢慢

注意，慢慢去注意，你的意識才會清醒跟敏銳。

在關係裡面，對很多事情，有你的認為時，要去檢查那個認為，去看你的那個認為，而不是在認為裡面，生出更多認為，這樣就會變得好煩，沒完沒了。到最後一定會沒有辦法找到一個解決的路，會變得很痛苦。為什麼人會逃避？那就是他沒有辦法解決，才需要逃避啊！逃避以後就只好無感嘛！或是跑掉是最容易的方式，這就是會有的一個過程。

21 注意自己的罩門

今天別人講了一句話，聽了很開心，你也不要相信；別人講一句話罵你，你也不要難過，因為有一個聽了這句話很開心的一個「東西」，然後別人講到了，會「噹～」地開心。而有一個罩門，別人一罵，會不高興。我們都是陷在這裡，現在要開始去學習注意「我們的罩門」；而不是注意外面、別人發生的事件，或講什麼。另外，也要去注意對一件事的判斷、比較或評價是根據什麼而來。

這很重要，這是讓我們開始有能力，可以跟我們的問題有一個距離。這個距離一旦開始產生，只要一點點開始，我們的命運就會開始完全不同。這個很重要，因為我們很容易陷進去，陷進去這個感覺，你會覺得難過、痛苦、受苦。

當我們慢慢學習，了解自己越來越清楚之後，我們的日子、生活、生命就會越來越自在。

●●

22 注意自己跟家人的互動模式

現在注意看看我們與家人之間，可以是配偶、子女，可以是父母或是你所愛的人。現在想像看著他，請看著自己跟他的互動是以何種模式在相處？「希望她可以照顧我、希望他可以供給我所需要的，希望他只要按照我的意思就好了；或者是我想照顧她、想依賴她，或希望她按照我的方式生活。」請看看我們以何種模式跟這位家人相處？注意看我們跟家人是以何種模式互動？

這模式形成互動的基礎，當這個基礎受到動搖或被威脅的時候，我們就會開始想要保護這個基礎，保護的方式有時候是爭吵，有時是冷戰、購物、故意唱反調……。當我們採取保護的態度時，注意一下對方會有什麼感受？這時彼此的關係會變怎樣？

這些方式都不斷的以同樣的模式進行著，到最後兩個人的關係就會變成沒有愛，剩下的就是不滿、埋怨、挫折與無力。當我們在觀察這個模式的時候，這些互動模式才有可能被打破，關係才有可能重新建立跟連結，所以要先了解整個互動模式的過程，在這個觀察的過程中，這個觀察會給關係注入新的能量，這是很重要的開始。

在關係中我們都在投射自己的傷害，並且維護這個投射，形成彼此的隔閡，所以要洞察這些模式。

●●

23 幸福

生命就是這樣，一直在重複記憶、重複過去受傷的劇本，也會把周圍的人拖下去經歷這樣的狀況。把這些東西鬆開，才有辦法展開真正的關係，才有辦法前進，不然就會停留在受傷的狀況。

幸福不是通通沒發生什麼事情，幸福應該是很多事情通通發生過，經歷過這一些，然後又可以在一起，那才是真正的幸福。

跟父母連結

01 一切的美好，從接受父母開始

如果無法跟父母連結，跟自己也無法連結，跟伴侶也會無法連結，小孩也將無法跟我們連結。如果我們內心不能夠接納父母，就會跟整個家族的源頭、泉源、能量、能力全部切斷，即使跟家人依然在一起，但內在得不到力量，缺乏能量的滋養，因為否定了父母，就等於否定了自己。或許他們有些地方做得不夠好，可是我們要將他們做過的種種和把我們生下來這件事分別看待。最重要的是，父母給我們這個生命，我們敬重這個源頭。如果我們可以抱著一個恭敬、謙卑的心態，自然地敬重這個給予，我們的生命、我們的生活，將會有新的體驗。

02 淚謝父母賜給我生命

父母也許做了一些我們不認同的事情，他們也許搞砸了一些事情，但是這有什麼關係呢？比較起來，那些他們搞砸的事情，別人都可以取代，但是唯一無可替代的是：他們把我們生下來，至少這一點，他們沒有搞砸，把我們生下來的這一刻。就等於給我們「生命」這個禮物。當我們無法跟他們連結的時候，我們就是否定這個禮物。想想看，如果我們否定這個禮物，我們的生命會怎樣？這種態度會在我們的人際關係、婚姻關係及親子關係裡面有所影響，生命會變得極度缺乏力量跟乏味。如果願意有一念恭敬心，不論發生過任何事情，在恭敬心生起的那一刻，那股障礙會被愛的力量沖散，整個人都會被愛的力量所涵蓋。

03 父母的身不由己

我們得不到愛、我們的孤單、我們的痛苦，其實父母跟我們一模一樣，他們並沒有比我們少，就是一樣的痛苦。如果我們可以感受到這一點，這種感覺、這種體會，本身就是一種愛的狀態。

父母對待我們的方式：他們也許傷害我們，也許把我們照顧得不好，也許曾用太嚴厲的手段控制我們，也許不懂得我們的痛苦，也許做過很多的錯事。但是我們知道嗎？他們所做的一切，所有我們覺得痛苦的事情，我們覺得他們錯的地方，就是這些我們認為錯誤的事情，其實並不是他們做的。

那麼是誰？這是整個社會、環境、整個世界的所有痛苦，不是屬於我們父母才有的痛苦。他們完全是身不由己，完全沒有能力可以跳脫出這股力量，所以他們陷在這股痛苦裡面，反映出來成為教育我們、對待我們的方式。那麼真實的父母是什麼？

當媽媽的應都有這樣的感受：當孩子平安出生的那一刻，就是最棒的，也是最大的喜悅，別無所求。所以我想我們父母處在這個狀態時一定也是如此，這個就是真實的狀態。

這個真實的狀態，沒有受到整個社會、環境、頭腦影響的那一刻，就是處在愛的狀態。可惜大部分的人沒有辦法學習，所以一直沒有辦法持續保持在這種狀態。

●●

04 是否重複的上一代的命運？

當你跟父母連結的時候，你的命運才會跟他們切割開來；當你怨恨父母，你的命運一定會跟他們一模一樣，這也許是我們的心靈設定要「解脫」的一種模式。「我們不能接受父母」，這是頭腦的運作，可是我們的內在心靈是想要接納的，只是被這個頭腦阻礙了。好像透過跟他們受著同樣的苦，為的就是那一念敬重的發生。當你體會到父母親所受的苦時，也許那一刻，那一念敬重就可能發生。

所以當我們受苦時，如果可以去看看為什麼受苦，願意去了解為什麼受苦，這個受苦是可以停止的。

05 你不會讓自己好，因為——

對父母的一念恭敬是指，他們所做的事情，有時候是身不由己，有時候是整個家族的業力，或是他們跟我們之間的業力，而我們敬重的並不是認同他們對我們做的事，而是敬重他們給了我們生命的這個事實。

恭敬心是強求不得的，但這是因為我們沒有學習才做不到，因為我們把恭敬與他們的作為畫上等號。我可以敬重你是我的母親，可是你對我做的事情，我是不認同的，這兩個不能畫上等號，例如過去你打了我，我不認同你的做法，跟我恭敬你是我的父母是兩回事，我們卻常將它混為一談。

當我們無法恭敬的時候，自己也不能夠輕鬆，因為鄙視父母時，心裡面也會覺得愧疚。當我們覺得愧疚時，會傷害自己，不會讓自己過得好，這不是我們可以控制的，這是「道」。當我們違反「道」的時候，我們的生命、命運就失序了，很多障礙都會跑出來。

06 心靈提升的第一步

我們的「愛」一直跟我們同在，當我們的心在「道」上時，當下便和愛連接起來。所以敬重父母很重要，如果沒有和父母連結，根本不可能自我提升，也很難真正的深入、解脫。

我觀察很多年，不能夠接受父母、怨恨父母的人，他們往往都不斷地挫敗，也沒有力量。即使事業成功，心情也很苦悶，沒辦法真正開心。開始跟父母連結以後，意識就有可能轉化、得以提升，愛才可能發生。因為跟父母連結，就是跟「道」連結，這是一個入門基礎，這裡沒有接上去，後面的解脫都不可能發生。

這一世沒有跟父母連結，就表示累世都未曾連結過，所以到這一世還在這裡打轉。如果這一世有連結，這問題就不會再來，會換別的課題，那就是提升。敬重父母、連結父母就好像求學過程，如果沒有上小學，就不可能上大學、碩士、博士。從痛苦裡面解脫是碩士、博士的層級，所以開始連結了以後，後面的自由、解脫才有可能發生。

●●

07 連結以後，內在的力量就會出來

和父母連結是這麼重要啊！有了連結，即使遇到問題，也有能力去解決和面對，把問題變成是學習，學會解決；如果沒有連結，遇到問題就會變成是挫折，覺得埋怨、生氣。這是不一樣的，差別在這裡！

像我兒子高一時，有次很氣地抱怨說：「今天真是太倒楣了！」看他氣成這樣，講得好像被霸凌得多慘。問他發生什麼事，原來是騎機車連續遇到六、七個紅燈。「你看我多倒楣啊！」他連這種事情都受不了。

但經過慢慢地跟他說，跟他聊天，到現在，他在公司跟客戶間遇到什麼事情，態度就不一樣了。以前會埋怨、很生氣，現在他會覺得：這是他的

學習，他又學會了什麼……。這是很重要的。

遇到問題的時候，他不再像以前抱怨倒楣，呼天搶地，而是會和我分享：「媽媽，我接到什麼案子，什麼問題，怎麼解決……」他很開心，雖然是問題，但是他會解決，所以差別在這裡。

所以不是要「沒問題」，而是問題來了，剛好給我們機會，滋養我們，這才是道。而且開始連結以後，內在的力量就會出來。

每個人遇到問題，不是他不行，而是他的力量沒有出來，「家族能量」就是協助他的力量出來。

⁘

08 跟父母連結與孝順是兩回事

我們的頭腦裡面，幾乎沒有存放要去跟父母連結的學習，有的是我們從小被教的要孝順，然而孝順不等於連結。連結不是說我們要去做牛做馬，然後應付父母親所有的需要；因為我講這個的時候，大部分的人都聯想到，那我要對父母很好。其實這是兩回事。

講一個例子，就是某人，他心裡面對父母有很多怨恨，可是他又覺得要孝順父母，比如他媽媽生病不舒服，要去看醫生，然後他就要一直帶她去醫院；他其實很不想去，可是觀念告訴他，你沒有去就是不孝啊！

所以現在在他的心裡面產生了一種衝突，去了很不甘願，不去又覺得很愧疚，所以很多孩子處在這種狀態下。而這個就是沒有連結啊！當這個連結一旦發生時，這個衝突會停止。為什麼會這麼奇妙？因為我們的衝突是來自頭腦，頭腦來自我們從小在家庭裡面的受傷，也許我們的父母對待我們的方式不是很適當，或是有一些傷害我們的地方。而我們的頭腦就是在此時建立起來，且因為我們一直沒有療癒這個部分，然後這個頭腦就一直帶著；可是這個屬於頭腦的部分，是我們來到這個世界之後所發生的事。

然而，連結是我們還沒有來到這個世界之前的事，它是屬於靈魂層面的，它是在我們的意識裡面，我們本來就有愛的這一塊，它是一直都存在的；而頭腦只是我們這一世，截至目前所經過的互動，所以那個靈魂的部分實在非常寬廣。

可是現今因為沒有經過這樣的學習，我們的意識裡面沒有辦法去了解，去看到靈魂本來有這一部分的自然，於是我們就陷在頭腦裡面。所以那個連結——我講的連結是連到自然的那個部分，靈魂的那個部分——當我們這一部分可以連結的時候，該怎麼做，自己就會知道，因為那一刻我們放鬆了，當我們的頭腦那部分放下來的時候，你自然有這個能力，知道該怎麼樣去對待父母，那個時候就沒有衝突。

09 結束才有新開始

跟父母的敬重、連結還有另一個重點的意義，它是結束。例如我讀到六年級時，之後就要畢業了，接著唸國中；假設一直重複在六年級，就是留級重修、沒有結束，一直重覆在同一個年級唸勢必會很痛苦。

假設你六年級畢業，畢業了就是結束！一個東西走了，結束了，新的才有可能生出來。今天這個連結就是指我們的這個部分，我們看到的這個部分，愛的部分，這本來就存在的，不是你創造愛。你看到跟母親之間的關聯，這個愛是存在的，你看到這點之後，你的六年級就畢業了，這個部分就結束了。

不是關係結束，而是你的學習初步結束了，結束了才能往前走，否則你的生命一直在跟父母親衝突，跟關係的衝突。所以有的人他們學了很多，腦袋像百科全書，他們擁有很多知識，但有時候他們的生活卻是災難，他們的內在並沒有真正的快樂，沒有真正的自由。

生命當中，第一個階段的學習結束，了結，然後你才能在第二個階段開始。第二階段是靈性的部分，你才能深入，才可能碰觸，你的門才可能打得開。

所以連結的另一個意義是結束，結束之後新的東西才會到來。

非常多的人，他們會停留在父母親做了什麼，對他們批判、不滿，停留在這個地方，那就是停留在六年級的階段。這裡是一個非常重要的基礎，你沒有跨過去，體悟是不可能發生的。深層的體悟，結束很重要。一個東西結束了，一個新的才會出來，如果你在那一刻可以連結時，那麼這個部分就可以結束，下一個屬於自己的生命、新的階段才會出現，這個是連結的另一個意義。

10 態度由自己決定

跟父母沒有連結時，我們的能量跟力氣都會陷入家族中的糾結，捲入家族能量而重複受苦，連結一方面是跟父母關係的連結，它還有另一個更重要的意義，就是自我提升的開始。

這個提升跟任何人都無關，而是你跳脫頭腦的限制，通常不能連結就是我們執著於父母做了什麼或沒做什麼，因而卡住。提升的意義在於，我們接受生命的態度不再取決於別人的作為，而是自己決定自己的態度。

這樣的態度跟別人的作為無關，而是接受生命給予的感謝，因為有這樣的態度才能沒有恐懼，才能對自己負責。

關於學習

01 了解受苦才會產生智慧

在我們的生命裡面，經歷過無數次的傷害，經歷過無數次的事件，如果我們一直帶著這些事件，終究會無法得到平靜與自由。

這些事件與受苦，事實上只是一股能量，為什麼這個能量會影響我們？因為我們執著於這個感覺，儘管經歷過無數次的障礙，受過無數次的傷，假設我們學會讓這股能量開始移動，不管我們經歷過多少，都不會有問題，它們自然都會有一個了結。

所以問題就是，我們經歷了很多苦，經歷了很多事情，受過很多的傷，但是我們沒有學會讓這些傷害變成養分，我們被念頭、頭腦欺騙了。我們會執著於這些感覺的好與不好，就是不夠了解這些心念在掌控我們的命運，一次又一次，一世又一世的讓這些東西一直在扎根，越扎越深，只因為我們沒有學習了解這些受苦的能量，然後讓它止息。

了解這個受苦，然後有個結束，我們靈魂了解這個的時候，洞見才會出現，我們的智慧才會產生。

02 學習跟累積知識的不同

其實我們對「學習」的真正意義也不是非常清楚和了解，我們都以為就是類似學英文那一種啊！其實，那不叫學習，若是自我想要得到一個滿足，然後你滿足了，那叫做累積知識。

「學習」真正的意義，其實就是放掉我們所有的認為，就是當你可以覺察的那一刻，把自己的先入為主、設限，暫時放下來，你把你所有的東西都放下，一個完全的空白，然後再去看待、經歷這些事情。

如果一個人可以開放的去學習，他的心會很遼闊、寬廣！很多不同的東西他都可以去經歷、去看見，或是去體驗。

03 從關係中「了解自己」

我們都希望別人按照自己的期望來愛我們、對待我們，當我們認為別人愛我們的時候，就覺得安心了，實際上這也是想「得到」安全感。是否發現，當所愛的人在你身邊就不會想念，只有當她不理你或不在身邊，才會想念？我們在乎的是別人要理我、愛我，而不是要學習。然而這樣的思考模式在關係中是行不通的，心理跟關係的層面不是用解決而是要以學習的態度，只有學習的態度能夠讓我們的障礙被清楚、被停下來。

注意跟覺察是不能沒有的，沒有的時候就會跌入以前的狀態，陷入以前對待問題的模式，這些模式跟痛苦其實一直在削弱我們的力量。

例如，面對一種狀態我們有十種反應方式，但現在可能有四、五種已經停下來，可是仍有其他幾種依然沒有出來或被看見，它們會慢慢浮出來，那麼浮現出來時，我們的反應很重要：「我在這個陷入的狀態，我的想法、情感還有反應，這時我怎麼對待我的家人？我講些什麼話？」注意這些反應的時候，慢慢地你的能量會變得很強，這樣才是一個完整的究竟。而且在這過程當中你是在了解。

如果我們不了解自己，想要自由是不可能的，因為你自己都不知道自己在做什麼，怎麼可能輕鬆跟解脫？所以了解自己非常重要，所有問題的根源都是從這裡開始。

04 真正的學習

學習就是對於一件事情，不要馬上覺得它是怎麼樣，或是應該怎麼樣；學習就是要去注意你自己對這件事情的態度，對於這件事情的評論。要把你本來的認為或是你本來累積的東西放掉以後，你才能夠真正的學習，這種學習才是一種真正的學習。

例如：要求孩子都該聽我的，「我是媽媽耶！你要聽我的」，然後對孩子有很多要求。所以我現在去看到，自己有很多的認為、觀念，我現在把這個放掉，我覺得這個才叫做真的學習，你放掉以後才有空間接收新的能量，接收新的關係。

當我們有這樣子的學習態度時，我們就會不停的有新的發現一直進來，表示我們內在是一個很謙卑、謙虛、心虛的學習，而不是裝很多的概念、結論。是空掉，一直空、一直空，因為一直空，東西才會進來。東西進來是新的，新的你才有可能活得不一樣，也許你還是每天吃飯，可是你的心境已經不一樣。這個都是經由學習才有辦法，這是學習最基礎也最基本的。

05 學習還是沉睡

學習是一種心態、是一種態度，這個態度比你要學的那個內容還要重要很多。假設今天我們抱著一種「這個就是恐懼，我就釋放恐懼就好了」，這樣的心態是死的，是已經按照一個範本，這不是學習，只是把我們認為的東西拿出來套上。這樣的方式非常可惜，我們會錯過認識自己靈魂裡重要的東西。

所以當我們的頭腦僵化時，就剩下你記得什麼講什麼，這個時候我們的心就不是活的而是死的，這個就不是學習。我們學習不是要學那個事物的內容，而是我們的心態；這個心態，這個態度，其實也就是我們的生活。你有如此的心態，你的生活也會是這個態度，沒有不同。

可以去注意看看，你們對很多事情，都已經抱著這個應該怎樣，那個應該怎樣，如果不如預期就很失望、生氣，如我的意的時候高興一下，下次還要這樣，那這個叫做學習嗎？這叫沉睡。

我們會痛苦，會跨不過去，就是因為一直以來我們沒有學習。這是重點，要注意一下我們的態度，這個問題會跟我們的生活有非常密切的關聯。你從這個地方去注意的時候，就會看到你生活當中的真相；你看到真相之後，才有能力面對跟解決你自己的障礙。

06 態度比方法重要

我常在講「靜心很重要」，為什麼？因為我們想要去學、想要去注意、願意去注意的這個態度，比去學靜心更重要。

我願意看到它，這對你的生命，甚至生生世世都有很大的影響，會影響到你的生活、你的內在。如果你真的看到這些，真正知道它的重要性，而不是透過我所講的，你就會願意開始學習，這「願意」比學靜心更重要！

「我想要來學習」的這個心如果沒有生出來，是沒有辦法學習的；因為「靜心」絕對不是我們從小到大，所有受過教育的方式，它絕對不是我們想像的那個樣子。如果沒有認為它很重要，心裡沒有生出要學習的態度，講任何方法都沒有用。

你能夠真的清楚，真的意識到靜心的重要，然後你願意來學習的這一點，比學靜心重要。即使我們這一世，有生之年沒有辦法開悟，我們的心靈也會往這邊移動，以後我們的意識，我們的靈魂，還是會往這邊移動，所以

「願意」比學方法還重要。我很多的導向都是要來講這點，當我們有了這個願意、有了這個態度，我們要學靜心就非常容易。

07 態度決定命運

大部分的人講出問題之後，就開始等，等老師告訴他怎麼做，想聽聽看有沒有更好的辦法，而不是要學習，這就沒有恭敬而是依賴，有恭敬就會全然的注意，態度就會不一樣，問題的結果自然不同。

問問題的態度，其實也反映一直以來對生命跟問題的態度，若是沒有看到自己的態度，就會始終侷限在這裡，帶著要解決問題的態度就是陷進去問題之中；若是要了解問題就是跳脫出來，如此才能真正解決問題。這兩者很不同，所以來問問題的態度已經決定問題的結果了。

恭敬就是重視、尊重，不是要把問題消滅、解決，所以恭敬的另外一個重要意義就是：允許痛苦和快樂同時存在。有這樣的態度，問題自然就鬆開一半了，所謂的恭敬心不是對老師恭敬，而是對自己問題的恭敬，對自己的問題才會當真。

對自己的問題恭敬，這個態度會讓你全然的注意你的問題，這樣的態度就不會形成依賴，態度決定你的問題的結果；若是隨便問問，等待別人拯救，就不會碰觸到真相。

●●

08 請你給我愛！給我歸屬感！

假設我們都在彼此索討的時候，會是一種怎麼樣的狀態？在互相索討當中，誰有能力給予？所以在這當中，我們是處在匱乏的能量裡面。這一種匱乏的能量，是我們彼此造成的，因為我跟你討，你跟我討，你沒能力給，因為你還沒有跳脫出來，我也還沒有跳脫出來，所以我們一起形成了這一股力量。

我們始終沒有看清楚匱乏是「自己」的，可是我們卻「向外」索求。事實上，只要裡面有一個人，他可以給的時候，才有可能不一樣；可以給不是真的可以給，是他停下來，不再索討。

所以當你陷進去任何一種感覺，覺得很孤單、寂寞時，你認同了這個感覺，就是你認同這一股力量，因為你已認同，你就沒有能力抽身，所以就會想要填補。

學習靜心、釋放，都是在學習有能力抽身的力量。你有能力抽身，你才有可能影響這一股力量，那不是隨口說說的，而是真正的改變。所以能夠跳脫這一些影響，學習這個的人非常的不容易；而一旦學習，那個力量則是很大的。

09 強迫自己？

靜心或釋放的學習，不可以強迫自己做；你真的不想做，就不要做，千萬不要勉強，強迫自己就是一種暴力，若是暴力就形成另外一種矛盾。你實際上不想做可是你卻覺得必須要做，要做得很好，所以就強迫自己，這樣就是一種暴力跟脅迫，怎麼會好？生活中我們一定強迫自己做很多不想做的事，所以會有很多的抗拒跟憤怒，然後完全得不到任何幫助。我們開始學會尊重自己時，那種細緻覺察就會慢慢發展。

但是如果我們強迫自己，那些都是意志力，意志力是非常表層的。對這些能夠有基本的認識然後再來探究，才能夠越來越深入，而不是在衝突裡面。所以重點是要了解自己真正的意願，而不是用頭腦規定自己。了解自己很重要，若你在強迫自己時，還覺得「不會啊、很好、應該這樣」，那就麻煩了，距離學習的路還很遠。

10 我們真正需要的是「愛」

從小到大，我們帶著很多的傷，這些傷害，雖然已經是過去了，即使我們不願意去面對，也不願意去回想，它卻會一再的出現，在我們的生活裡面，不知不覺地影響著我們。

影響著我們的生命、生活、命運，即使不願意去回想，也脫離不了這個影響。在關係裡面，事業、財產都會受影響。而我們並沒有覺知到這一點，因為我們沒有辦法去注意到，怎麼樣可以脫離這些傷痛、脫離這些障礙，怎麼樣才可以從這個傷痛裡面解脫？覺知就是這個門。

在我們的關係裡面沒有「愛」，有時候有一些爭執、爭吵，有時侯是有一些小小的需求，然而這一些都不能讓我們內心真正的得到安靜。我們真正需要的是「愛」，在關係裡面的「愛」。我說的「愛」不是我們認為的那個「愛」，我說的「愛」是非常偉大的。

你必須穿越這些傷害，關係中的「愛」才會出現；穿越這些障礙不是三言二語就可以做到，而是必須親自去面對、學習，如果不是過著學習的生活，我們就是在傷害裡面，我的傷害加上你的傷害，在裡面糾纏不清，到最後無論我們逃避或是妥協，內在都是空虛、痛苦。

我們只剩下兩條路可以走，你可以不斷的填補、逃避你的痛苦，可以轉移目標，把你的痛苦丟下來，但是終究你還是要面對；另外一條路就是單純、直接地去學習跟面對。我們只有兩條路可以走，我們可以自己選擇。覺知是開啟自由的門。

11 思考的畫地自限

遇到問題時，我們習慣先設想一個結論或目標，以為達到這個結果才會快樂，然後就開始努力達成，達不到又感到挫折無力；然而不管是否達到目標，都跟原來的問題無關。

我們總是如此地思考所以就會覺得走不通，沒辦法只好逃避，正因為先設定一個死胡同，所以會覺得沒辦法達到，才會陷在這裡衝突、矛盾、抗拒、逃避。

在問題一開始時，我們就認定我一定要這樣才會快樂，光是這個念頭就讓你無法寬廣地面對你真正的問題，而且我們都抱著要達到某種狀態，而不是要「學習」，而這些都跟安全感與恐懼有關聯。如果不認識自己的恐懼，這些模式勢必會一直重複。認識恐懼不是那麼困難，只因為逃避，才變得困難。

關於問題解決

01 覺察與否的差別

我覺得我的孩子一定要讀名校，然後我就開始鞭策他，所以我們就會陷在我們的「認為」裡面，去做我們「認為」的事。這個就不是覺察。當我們有覺察的時候，就會注意到自己生出了一個「我一定要他讀名校」的念頭。這跟去執行它，實際去鞭策小孩是兩個完全不同的方向。去注意念頭才是根本跟究竟，去執行你的「認為」是沒完沒了的。

同樣的，對於我的生氣、痛苦，我一定是執著這個想法，痛苦才會不斷的重複，一定是沒有清楚，它才會重複，所以是去看那個製造問題者，而非去解決問題，如果我們能夠去注意那個製造問題的人，這些才有可能真正的不一樣。

02 清楚「頭腦製造問題的方式」

我們在生活中遇到狀況的時候，常常會陷在痛苦，不知如何是好，現在我們正在學習讓這些障礙鬆開的時候，之後在生活當中遇到這些事情我們就有能力去面對。

當障礙出現，挑戰出來時，絕對不是一句「你這樣做就可以了」，就能真的解決問題。

因為你內在頭腦製造問題的方式，沒有清楚跟清理的時候，即使有人告訴你怎麼做，下次問題照樣發生，我們一直累積這麼多頭腦的東西，如果沒有「清楚跟清理」，遇到事情仍然不知道該怎麼辦，就只能陷入痛苦、自憐、到處求救。

03 注意問題本身與解決問題的差別

我們活著每天都在解決問題，有解決不完的問題，生活中不斷地出現問題，於是我們就拼命地要解決問題，我們就是這樣活著，所以我們的頭腦對於解決問題已經有一個固定又受限制的模式。

例如家庭主婦關心的就是如何打點家事、照顧家人，商人關心他的野心與財富，所以他們都在自己所關心的框框裡面，這樣的頭腦就是有框架的。受限的頭腦能夠解決生命的課題嗎？

非常少的人會去注意那個問題本身，如果可以只是去注意問題的本身，從問題會出現答案。例如：這個問題是從過去的經驗製造出來的……，這樣的注意問題本身，這樣的態度會越來越寬廣。

04 看清問題的智慧

會讓我們感覺困擾或痛苦的問題，通常我們就是沒有「清楚」它才會是問題，沒有看清問題本身，問題才會一直存在。其實，解決問題往往跟真正的問題不相干，要去看問題本身，才是究竟的鬆開。例如某位媽媽很擔心孩子不夠高，從小一直努力讓小孩吃營養品，到處求醫，催他早點睡覺，催他要運動……，做很多卻讓兩人關係緊張，事實上是媽媽把自己因為身高所受到的傷害投射給小孩。

我們會把問題視為問題然後要去解決，跟我們在看問題本身，這兩者是完全不同的狀態。前者是你已經陷入頭腦所投射的問題當中，反而看問題本身的時候就會發現很多自己的傷害與障礙，事件之所以會是問題，就是我們賦予它某種意義或傷害的投射，這些意義或傷害如果能夠清楚時，這個問題自然就不是問題，也就無需解決。

05 問題的根本，其實是你的害怕

我們會對下個月或是明年的事，比如說貸款之類的，會有一種焦慮，那就是恐懼。並非你要有恐懼才能解決這個問題，我們也可以面對這個問題，但是不害怕。

這句話的意思常會被誤解說：你只要不害怕就沒問題了。但其實是你不害怕，你才有更大能力去解決問題。你要知道問題的根本，其實是你的害怕。你要分清楚，「真正的現實問題」跟「是你在害怕」，這兩個常會被我們混淆。

這個東西講起來似乎很簡單，你要真正去面對後，你才會知道。沒有辦法面對這些害怕，那些焦慮還是會不斷地出現；除非你將這個害怕轉化，或是跳脫。是真正的跳脫，絕對不是用想的。

這是需要很多年的學習，沒有辦法一下就看清楚，是什麼東西讓你知道你在焦慮、你在不安？那就是一個注意，那個注意是一個最基本、相當重要的東西，它是一種關鍵。這個注意，甚至比你認為的「看清楚」還要重要。

你可以不帶著焦慮跟恐懼去處理你的問題，那麼你的問題會被完整地解決，這個問題就會完全地結束。

06 解決問題？或是認清「製造問題的人」

同學：面對與釋放愧疚之後，為什麼會感到比較輕鬆？是問題被解決了嗎？

老師：因為我們看到了，原來自己抓著一條草繩把它當蛇在怕，這意味著什麼？你看清楚事實的真相，這本身就會比較輕鬆。我們以為自己有問題，其實本來是沒有問題，是你製造一個問題出來，所以不是問題解決而是你看到原來自己製造一個假想的問題，讓自己痛苦，不是真的有問題。看到這個，就是究竟，就是根本。

問題出在「你認為」，然後你緊緊抓住你的認為，你要看到你的「認為」是虛幻的，不是真實的，問題整個會一下瓦解。問題是我們陷在自己的認為裡面。

這就是我們的意念、頭腦在製造問題，是頭腦製造出來的問題，不是實際真正有這些問題。頭腦只要開始製造問題，它接下來就會充滿衝突，那個充滿衝突會讓我們陷進去，一直製造其他的衝突出來，久了以後，累生累世以後，我們就誤以為我們就是這個問題。

現在我們去認清原來不是這樣子，去看見原來一開始是我們製造這樣的問題，分清楚「製造問題的人是誰？」而不是我真的有這些愧疚、我真的有這些問題要解決，是看到這個——「頭腦製造問題」，而不是我真的有這些問題。

傷害他人、懺悔與慈悲

01 停止「傷害的迴圈」

為什麼我會去傷害別人？其實是我受傷了，我沒有辦法面對自己，把責任推到別人身上，才去傷害別人。原來我傷害別人，也是逃避痛苦的一種。

逃避自己的痛苦不願意去面對它，會製造更多的問題。

如果能夠回到自己身上，這個業才有可能了結，了結這個業才是究竟；否則我去傷害別人，彼此的結怨更深，又滋養了業，然後我更受傷，更造業，這就是輪迴。

●●

02 惡念的另一個面向？

同學：我發現自己會出現惡念，是否只要不要有行動就好？

老師：對！這是一部分，但這還不是純然的覺察，我們的障礙往往有相互的關連，它絕對不是單一的。我們會有惡念，在表面上我們覺得它是惡念，事實上，內在勢必有不平的地方或未被療癒的部分。例如：之前，你說你會驅迫自己，相對地一定有你不願意的部分才需要驅迫自己。

你會有惡念，一定有覺得受傷或不平之處，所以你要讓這東西浮出，出來之後你看見了，這個看見就有療癒的效果。我們習慣向外看，現在要往內看，這才是根本。

03 傷害的傳遞

人會傷害別人是因為他的念頭掌管了他，這些念頭就是頭腦過去被傷害的記憶；當我們能夠覺察時，是我們掌管念頭。

當你被念頭掌管時，念頭叫你去做什麼，你就會去做，等於是念頭的囚犯，囚犯是很可憐的，沒有自由也身不由己，而且做了可惡的事情仍然必須承擔。

04 傷害別人的深層力量

我們為何會傷害別人，這股力量是如何形成，怎麼來的？你在傷害別人的時候，別人的痛苦其實也是你的痛苦，因為我們有這個痛苦，我們也想把這個痛苦給別人，這樣好像能夠平衡。

其次，表面上我們感到憤怒、忌妒，事實上這些痛苦的根源就是「存在感」受到威脅。在意識深層我們很害怕無法存在，然而痛苦時我們無法碰觸意識的深層，透過傷害別人的過程，會感覺到自己的「存在」，這會讓我們覺得「安心、安全」。

05 自我消失，才會有愛與自由

自我最根源的地方就是害怕自我會消失，我們會尋求認同，如此「存在感」就會覺得壯大；反過來說，我們會生氣要去傷害別人是因為自我被「渺小」了，所以必須採取行動護衛自我，這個護衛自我是比較微細，不易察覺。我們只能感覺到憤怒，不被認同，其實最終就是害怕自我的不存在，害怕自我什麼都不是。

我們一直想要壯大自我，當這個過程受到阻礙就會生出種種情緒，事實上當自我消失的時候，才會有愛與真正的自由。

06 懺悔的淚水滋養柔軟心

原本我們會傷害別人是我們陷在自己的痛苦裡，感受不到別人的痛苦；可是當你可以感受到別人的痛苦時，你就會下不了手，這時候你已經有了慈悲，已經有愛開始出現了，所以你不會做這種事。不只是現在不會做，而是你已經有感覺了，你可以感受到這點，不會重複再犯，這時候的懺悔才有力量。

懺悔的那一刻我們可以感受到別人的痛苦，這時善念就開始心生，然後過去的惡業、種種的不好就開始死亡。死亡之後就會有一個新的生命出現。

●●

07 懺悔，洗淨心靈

也許我們都做過不好的事，但是沒有關係，現在我們發現了，注意到了，我們懺悔，從這個地方學習不再傷害別人，當你可以這樣懺悔時，你還是一個很完美的人。

因為我們的心靈能量，本來就是非常完美、完善、純真的。我們經歷了很多事情，很多傷害讓我們會去傷害別人，當我們開始在懺悔的時候，這些能量會洗淨我們的心靈。

08 痛苦不單是我個人的

如果你只關心自己的痛苦，只在自己的世界，只想到自己，從來沒有想到別人或看到別人的痛苦，以這樣的態度去清理自己的痛苦就會侷限而且緩慢。因為你的心量不夠大，若遇到較大的障礙要去清開會很困難。

我們的痛苦大部分都在我們的深層意識當中，從關係中的互動而來。對方為什麼會傷害我？因為他也痛苦，他才會「殘忍」；而他的痛苦也是別人加諸在他身上的，不是無緣無故就冒出來的，然後他又把這傷害加在我身上；接下來我再把我的痛苦拿去傷害別人，所有這些記錄在腦細胞、意識裡面的痛苦，不就是這麼多人的痛苦所累積與合成的？

所以可以說痛苦是全人類的，你在清理時，是不是也清理到其他人的痛苦？因此我們的痛苦絕對不是你一個人的，自己一個人是製造不出這麼多問題的，是我們共同製造出來的。於是你在清理這些時等於也清理到他們的，如果你的心念不夠擴大只想為自己，就只能清到表面的情緒而清理不到深層意識。

當你開始發願的時候，不用做到什麼解救人類，而是你那一念生起的時候，那些障礙就開始鬆動了，打開了。因為你那份心就是要跟他們言歸於好，這麼多的障礙才有可能鬆開，所有的學習與修煉，到最後若不能看到別人，缺少一份敞開與接納的心，很深的「自在」與「定」就不可能發生。

09 慈悲

我們的障礙可以藉由釋放去清理，例如：可以釋放因為忌妒的苦，但是下次類似的狀況是否就不忌妒呢？所以意識若是停留在以前的習性，障礙就會釋放不完。就像釋放小氣不一定會變大方，領悟才會帶來靈魂層次的提昇，有了領悟才會有洞見，它是一種意識的轉化。

因為我們的痛苦都是一樣的，透過了解自己的痛苦，進而可以了解所有人類的痛苦，這樣就會出現慈悲；當慈悲出現時，它就是一種德行。

10 慈悲超越對立

問：如果有人傷害我或干擾我，我很難不跟他對立，可以談談菩薩的慈悲？

比方說在一座古寺中供奉著一尊千手觀音，可是寺中也有許多的無形眾生，大部分人的第一個反應往往是，千手觀音法力高強，為什麼不把它們趕走？為什麼不對付它們？

其實菩薩對所有的眾生都是一體的感覺，是真正的一體。我也一直在講：就是我們的痛苦是一樣的，這個東西就是一體，可是我們沒有辦法去體會這個狀態，只能從自己開始慢慢地一步步深入，到了菩薩的境界時，那是非常寬廣的。

為什麼我們遇到狀況會痛苦不平？那是我們覺得被欺侮了，不能達到我們的希望，然後會開始痛苦、受苦。是不是一切都是從這裡開始？其實這些都是我們的「認為」，這些認為只不過就是一些認為、一些記憶，如果我們可以放掉的時候，這些受苦的東西自然會鬆開，不用去對抗。

菩薩看待眾生就好像我們看待一個小朋友，例如是幼稚園的小班生，小班生會有小班生的作為，他不以為忤，不認為這樣是錯的，就要消滅它，也不會排除它，哪天提升上來了，在菩薩的心目中永遠是一樣的，所以他才叫菩薩。

看到所謂不好的就要去收伏或消滅，那就是恐懼跟對抗；但菩薩不然，他可以看到本性所以不會有這些舉動，才能在那裡跟它同在，跟它們共存，這是很不容易的，這就是宇宙的平衡。

每個人的心態若是在這平衡的狀態，他就是菩薩，不是只有那一尊，那尊菩薩形象只是象徵，當你的心可以處在那個狀態你就是菩薩，而且我們每個人心中都有這尊，只是我們的顛倒太多而出不來，真正的菩薩是在我們的心裡面，那是每個人心裡面都有的真實本性。

關於愧疚

01 別對我太好，我將無以為報

同學：我很衝突喔！其實我是希望別人對我好，但又不敢接受，怕接受了會覺得無法報答。

老師：這個回報跟要別人對我好，可以取得一個平衡，總不能說不要別人對我好吧。我的意思是說，他對我好，我們的回應這裡取得一個平衡，這個是順其自然的，不需太刻意去做。

同學：可是我的無以為報，好像是我一直覺得自己無法報答，無法平衡。

老師：這個就是你的愧疚感在作祟呀！你會覺得無以為報，可是一方面又希望別人對你好，這跟這個事件本身並沒有關係，是因為你的愧疚動不動就跑出來，這個愧疚跑出來時你就受影響，受它影響之後你看待事情就偏了！就會不平衡了啊！

同學：所以愧疚感也會用別的方式呈現？

老師：它會以很多方式呈現，它會變成你的天空了！不是只在一件事情會愧疚，它在很多事情都會，像這件事它就是愧疚，它會有很多形式！而且你如果一直陷在這裡，就會一直耗損，所以重點不在於要不要接受別人的好，而是慢慢的要往生出這個問題的源頭探究，這個等於是所有痛苦的源頭了。

02 讓自己受罪來平衡愧疚

如果家裡有人遭遇意外時，我們活著會有罪惡感。因為他走了，我們留下來，我們會有一種愧疚感。這種愧疚感，很難察覺，可是會在很多地方呈現。

因為我們每一個人都是同一個心靈，都是一體的，我們的痛苦都是重疊的，痛苦都是一樣的。

由於愧疚，我們會做一些讓自己不好的事，好讓這個愧疚會有一種平衡。像是讓自己生病、遇到壞事……，反正，我們就是會去製造一些讓我們覺得不好的事情。其實這沒有去注意，都很難被發覺。

所以家族有意外發生時，我們會想要追隨這股能量，或是去平衡這個不幸。

當我們陷在愧疚裡，有時，我們也可能會做出相反的行為：例如：我想要懲罰自己，可是沒有勇氣，我就去傷害你，讓你來對我不好，故意做一些事情，讓你來折磨或是來傷害我。因為我傷害不了自己，我沒有那個勇氣，由別人下手心裡可能會比較舒坦一點，用這樣來抵消愧疚感。

在這裡可以看見，我們的頭腦，就是一直在這裡繞圈圈，一直在這裡糾結，我做這些事情，讓你來欺負我，之後，我又來恨你，所以就沒完沒了。

03 戴著面具的愧疚

愧疚感並不是直接用「我很愧疚」來呈現。大部分是帶著很多面具，用很多不同的方式、模式在呈現。我有一個朋友，他經常會生病，一開始，他並沒有察覺他有愧疚感；可是講一講，講到最後，他突然間發覺，原來，他想藉由生病來平衡他的愧疚感。

通常我們沒有辦法直接的去覺知到我現在愧疚，所以我想要生病。我們是不是先生病，看醫生看了很久，一直都好不了，然後到處去找，到處去看？是不是要繞過很遠的路，才能夠發現，到底生病的原因在哪裡？我們的愧疚感是如何地在我們生活當中影響我們。

而當我們有一種愧疚感時，只要人家跟我們要求，我們會很難拒絕，會不好意思拒絕，就會委屈。遇到不合理時，我們會想：「還是算了啦！他很可憐啦！」會用一些想法、念頭去處理我們的愧疚。

委屈之後，又會覺得不公平，到某一個程度，我們就會憤怒。有時候氣在肚子裡面，一肚子火，這時候，孩子就倒楣了，身邊的人就倒楣了。憤怒累積久了就會怨恨。這些背後所夾帶的一個結論或信念是：「我不能好、我不能快樂」。

除非看到自己的這一點，否則就是陷在委屈裡，接下來生氣、怨恨，人生就在「我不能夠好，我不能夠快樂」的模式底下。

04 犧牲、受苦才會心安？

同學：我在夢中，看見原來屬於自己的痛苦不斷地被甩出去，可是當痛苦被甩出去之後，我就不知道自己是誰了。我想要再去抓取一些回來，但是抓不到，心裡感覺到擔心，不知道自己到底是誰？好像要擁有那些痛苦才有存在感，如果沒有這些痛苦，我就不是我了。

老師：這樣很好，是身心要脫落痛苦前的掙扎，那些舊有的痛苦要離開，可是你還不想放開。如果你的痛苦沒了，那你會是什麼？你如果不再為別人犧牲受苦，存在的地位就沒了？

我們以為都是為了別人，才會去做什麼，其實背後真正的意義，是想要一個存在的合理性，要一個位置的正當性。所以當不用再犧牲受苦時，我們會擔心不被接受，這表示我們受苦的背後，最終是想要有一個合理的存在位置。我們害怕沒有位置的感覺。所以在受苦過程中，遇到不平等的待遇，我們的反應會是呼天搶地，這就是沒有辦法看見自己，對自己老實。如果可以看見犧牲受苦的根本，是自己想要得到安全的、合理的存在感，那就會清楚為什麼痛苦脫離時，你會掙扎。我們的受苦犧牲其實不是為對方，而是為了自己。看清楚這一點，我們就不再不平衡，不再不甘願。

05 請求原諒或是原諒自己？

「請求原諒」的想法、認為，會讓自己打結，你們可以仔細看看，它是不是製造衝突，如此就會從這樣的認為出發去做很多事，去做很多好事，去幫助別人，不然我吃一點虧，就會在很多地方作用，可是到最後你是否覺得被原諒了？

這樣的認為有種讓別人決定自己的心態，所有你能做的、會做的，做完之後還是很痛苦，重點是自己是否原諒自己而不是請求原諒，我們的頭腦、意念製造出問題，然後你還要去解決它所創造出來的問題，就會更打結。所以每個頭腦的障礙出現時，你要去注意，這個障礙是越走越鬆開，還是結打得更多。

06 是「誰」製造一個要求完美的人？

我們的頭腦是製造痛苦的根源之處，我們都會製造這些問題，比如前面所講的愧疚感，那個愧疚感是被我們製造出來的，它是被我們頭腦認為「這樣是不對的」，所以製造一個這樣的感覺出來。

所以現在我們製造一個「愧疚感」，再製造一個「請求原諒」，我們就會認為說這樣愧疚就會沒有了，我們的思考路線是不是這樣？

老師：所以會怎麼樣？

同學：衝突。

老師：那怎麼辦？

同學：回到這個認為。

老師：會製造出這個愧疚感的，又是一個怎麼樣的人？

同學：一個要求完美的人，想要追求完美的人。

老師：很好，繼續下去，那又是「誰」製造一個要要求完美的人，是誰？怎麼樣的人會要求完美？

同學：一個不允許犯錯的人製造了一個要求完美的人。

老師：太好了，又是什麼樣的人不允許他犯錯？

同學：這個人遭受到犯錯後的痛苦，或這個人作了這件事而被嚴厲的處罰後，他就不再允許自己犯錯了。

老師：他被處罰過，所以是一個被處罰過的人製造了不允許犯錯。那個被處罰過而且很痛苦的人，又是「誰」製造出來的？是怎麼製造出來的？不要想，直接回答，這個曾經被處罰過的經驗，又是什麼製造出來的？

同學：被處罰過的人是什麼人製造出來的？

老師：對！我們一個一個推嘛，推到現在就是一個曾經遭受過處罰經驗的人，製造出一個不允許犯錯，那再往上推。

同學：他不接受那個曾經遭受到的痛苦。

老師：他抗拒這個痛苦。好！再繼續往上推，是誰不接受這個痛苦？

不接受製造出這個被處罰的經驗？就是因為他有被處罰過，他不接受這個經驗，他抗拒這個痛苦的經驗？上面又是「誰」製造一個抗拒犯錯的人，他又是個怎樣的人，是怎麼製造的呢？

同學：一個不承認有錯的人，哈！哈！哈。（雙眼發亮）

老師：不承認犯錯，不覺得自己有錯，到這裡先停，結果是一個不承認自己有錯的人，他製造出剛才一開始說的愧疚，要請求原諒，這樣你看到什麼？太好笑了，所以這一切是自己跟自己玩，就這樣很簡單的，這樣知道了吧！記住最後暫時的結論，以後還可以再推。

所以我們這樣也是一種覺察，這個過程中你的思考模式會出來，這個出來的力量很大，它完全無所遁形，完全被逼著出來。平常你還會閃、會躲，在這個時候你就躲不了，然後一針見血地被拉出來，你的思考模式就會清楚呈現。

07

洞悉受苦模式

舉例而言，假設我們陷在一個愧疚的業力狀態時，如果今天家裡有人生病，可是你又需要上班，或者你又需要照顧家庭，你沒有辦法去照顧他的時候，你們會生出什麼感覺？

愧疚？自責？無奈？是否會覺得：「誰叫你生病？你怎麼不顧好自己？」就是指責。

其實同樣一件事情發生，我們所產生的反應不同，這個反應也許是沒有講出來，或者是你沒有注意到。不管你有沒有講出來，或是有沒有看到，這一個感覺，自責、憤怒、愧疚會在你的靈魂裡面運作。那會怎麼運作呢？下次家人說「我要買鑽石」，你就會趕快多一點給他，你會想要給他，為什麼？因為想要補償，這是比較初層次的。那他有困難的時候，或者是他有什麼欠債不還，你覺得愧疚了，你會怎麼樣？你會想要幫他。當你想要幫他，你是什麼感受？你想幫他，可是他一而再，再而三呢？一直欠錢、欠卡債不還。那你會有什麼感覺，這時候你是不是在受苦？當你陷在這個模式時，你覺得有出路嗎？你幫他或不幫他，都覺得很痛苦。這就是我們靈魂受苦的模式之一，假設你一直沒有辦法從這個模式裡面，透徹的清楚明白，那就跟這一件生病的事情一樣，同樣的模式會一再複製，這是我們靈魂製造的受苦模式。

受苦的模式，每個人不同，我們要去注意到，要去洞悉我們這個模式，當你可以「洞悉」時，這個模式自然會停止下來。這是在我們這一世的，有時候是累世的一個模式，會一直重複的。

08 推開好事？

當愧疚感把我們籠罩著，影響著我們的時候，即使有好的事情要進來，也會把它推走。我們的一些感覺，它並不是那麼直接地用愧疚來呈現，可能會用很多的方式，也許自我犧牲，也許自我折磨，譬如要升官了，我就把它搞砸了。

這些都是自己有意無意在比較深層意識裡面的一些運作，如果沒有辦法去注意或看到，我們不知不覺，會讓自己活在這樣的一個軌道裡。然後這個軌道如果從來沒有去發現它時，它會影響我們好幾百千年的喔！

你在這個軌跡當中運作的時候，你又製造別的痛苦，製造憤怒、怨恨，變成像是在畫甜甜圈的樣子啊！所以愧疚是一個很重要的障礙，能夠覺察後，可以釋放這障礙的人，是很幸福、很有福報的人，是要累積一些福德的。

真的，我深深這樣覺得，因為我們在這個框框裡面運作一定很久了，所以很習慣這樣子的受苦犧牲，很習慣讓自己陷在不好的地方，所以不容易。

09 一起受苦不是愛

看到家人受苦時我們會生出很多反應，然後就會在這個反應裡面，讓這個反應的感覺把你籠罩著。你覺得不忍、心疼，會陷在這種痛苦裡面；如果這個時候你有覺知，你要去注意這個不忍，那個不忍背後有屬於我們個人累世以來的障礙。你如果沒有去了解這一點，不管時間過了多久還是在這裡不忍。

看到家人受苦，我們就生出一些感覺，這一刻其實也是兩秒鐘，停在這裡一下，感覺這個部分一下，找到歸屬也好、有一個安全感也是，一剎那間有一個安心，這時候我們能不能立刻注意到生出的感覺？在這裡如果有警覺的時候，你就不容易掉進去。

掉進去就代表我跟他是一國的嗎？不代表嘛！掉不掉進去是比較屬於個人的一些問題，和跟他是不是一國、我愛不愛他沒有關連。如果不跟他一起受苦就代表我不愛他嗎？我們其實內在都有這些東西，被這些觀念拉著，那一剎那間其實就有非常多的觀念。

你先覺察到這個影響之後，後面的觀念你要一個一個去鬆開，這其實不會很困難，只要幾分鐘就可以看到，不需要花上很久的時間！若不了解沒關係，先聽到這個。

有時候不了解，但在你聽到之後，你的意識中就有不一樣的東西進來，慢慢的，有一天，你會在一剎那間突然看到這一點。

認同

01 尋求認同？

我們很少意識到自己不斷在尋求「別人來認同我們」，其實它一直在影響我們跟他人的關係，但我們卻不了解。之所以不了解，是因為我們一直讓這個心態驅動自己去做很多事。

得到認同就開心，得不到就難過，得到了還會想重複下次要繼續得到；有一次沒得到就痛苦、悲傷、難過，得到了開心一下，還想更好，一直在重複這個模式。我們的生活不知不覺完全在這個模式底下。

當我們一心想要得到認同時，已經在排擠別人，在這一刻你已經排斥、抗拒別人，已經把別人排除在外。因為想獲得認同的心態比其他一切都重要，這時的人際關係與生活一定會受影響，如果無法看見這個影響以及它的根源，我們還是跳脫不出來。

02 渴望被看見？

當渴望被看見、被接納，我們會想尋求認同。父母看到小孩第一次學會走路或有好的表現就會說：「哇，好棒！」那時候我們就會覺得很開心。其實我們到現在還是這樣。

我們可以去注意一下，自己用哪些方式跟模式在渴望被看見。

有時候跟人爭執的過程，你聽我的，我聽你的，一來一往之間，如果對方聽我的，就會覺得被接納，其實，背後也是想要得到認同。

我們終其一生，處心積慮都在尋求認同，尋求的模式或方式非常多，但是根源就是「自我保護」。然而我們所要保護的究竟是什麼？

03 請你記得我的好——藉由犧牲來換取認同

自我犧牲的模式就是「配合別人、委屈自己」；然後，當我們在配合別人的時候，不免常常感到眼淚往肚裡吞，好委屈。

我明明就是不想吃牛排，我硬要陪你去吃牛排，我其實想吃雞排，但好吧，為了你，我就委屈一下自己。我明明很累了，你叫我陪你去逛街，我還是去，又是委屈自己。

這樣的心態，背後是什麼？想要得到別人的認同，當我們一直在這樣的模式底下生活時，會造成我們忘記自己，跟自己越來越遙遠，然後會累積非常多的委屈。所以「配合別人」的這股能量一定要釋放，否則身體一定出問題。

04 雲的階梯

有時候充滿野心，想要達到一個「遠大的理想」，其實，背後往往有一個動機跟前提，那個前提就是，我已經先把自己做一個結論，說自己是「不好的」，接下來再創造一個「達成目標」來擺脫——我不夠好。

假設我現在不夠好，因為我不是大人物，所以我要努力成為大人物，達成這個目標，這樣就表示我不是卑微的，我就會被認同。

當我們開始有這種感覺卻沒有注意的時候，我們會製造很多問題，光這一個「達成目標」，你可能好幾十年都在這個狀態，因為目標跟理想會不停地變化，不停地更大、更好，所以你始終處在這個感覺裡面。所以始終「不被認同」，然後始終不快樂。

05 不用努力！

問：你說努力還會製造更多衝突？

答：工作當然需要努力，但心理上要被認同就不用努力。努力是因為我們覺得匱乏、害怕，或是想要達到某個目標而生出來的，其實這不會真正讓我們覺得舒服。這等於是，我覺得它就是一個幻象，不是我們真的需要這樣。

比如說練功：人家都會打拳，我不會打，所以我要努力，其實是一種覺得可能跟不上別人，或覺得心裡面會有也許是挫折，或是恐懼，或是要跟別人一樣，一定有很多東西，這時要開始去注意自己。也許表面上是這樣，可是底下有其他別的，然後你再深入，就會發現更多，也許那個原因你會覺得很驚訝，然而那一刻你可能就鬆開了。

努力其實就是逃避，因為我們頭腦很直接的反應就是「我不可以這樣、我要更好」，所以就覺得要去努力可以達到更好。問題在於，不是你去努力可以達到，而是你覺得「你自己不夠好」。你去努力是從外在，你以為要去努力才可以達到更好，這樣的方向不對，若不正確，你的努力會沒完沒了，最後就會無力、挫折，你要從內在的這個方向去看才是對的。

依賴

01 沒有你，我怎麼辦？（上）

我們往往都在依賴關係裡面的人。我們在依賴的過程當中，只要看他，只要把重點放在他身上，依賴背後的恐懼就不會跑出來作怪，我們就會得到一個安全感。因此，這個依賴就一直不能夠停止。

當失去依賴時，一開始會覺得非常焦慮、恐慌，然後我們會試圖再挽回，想延續過去同樣模式的快樂，這一段時間會非常痛苦跟難熬。

當我們失去這個依賴時，很多東西會馬上出現，一開始失去方向之後，接下來會有憤怒，為什麼要憤怒？能不能去注意「我們為何會產生憤怒！」

02 沒有你，我怎麼辦？（下）

如果我們失去這個依賴，憤怒沒有走過，之後很多年都會停留在憤怒的狀態，遇到有人離開，就會憤怒。如果這一點沒有跨過去、沒有前進，就會停留在這個狀態，所以我們要了解它。

當憤怒的時候，我們就可以用「憤怒」來壯大我的「痛苦」，也讓「你必須讓我依賴」變得理所當然、變得合理，就可以不用去面對自己的恐懼與障礙，然後就可以「合理化」的繼續再找另外的依賴，憤怒才會「無法止息」。

依賴暫時終止時，在生命中會產生很大的一個變動，你可以停留在這個憤怒、痛苦或怪別人，你也可以往自己內在前進很大一步。

03 不是依賴才有愛

當我們不依賴時，我們的關係才能得到滋養，得到生命能量，才有可能活得不同。我們講的依賴是心理上失去他的痛苦，跟經濟獨立與否沒有關係。今天如果他繼續讓我們依賴，我們就會有一種失去的痛苦，事實上，是這種痛苦在削減我們的能量跟智慧。

若是藉由依賴你來得到快樂跟滿足，那麼，我的快樂跟滿足就比你還重要，所以，不是依賴才有愛。

這個愛不是一般的愛，不是我們認知的愛，有這樣的愛，痛苦才能真正地停止；如果我們的愛，是因為你必須給我回報，你必須怎麼樣地對待我，這樣我才愛你，這個愛不是真正的愛，因為真正的愛裡面不會有恐懼。

你有能力去覺察自己的恐懼，跟自己的障礙、恐懼交流時，你所帶出來的愛，已經不是這個層面了，那你隨便說它是什麼都可以呀，也許是「自由」。所以若我們關係裡沒有學習這一點，就會一直陷在這個框框裡面，所以當你放下這一點，不帶恐懼地跟我們的關係互動時，你知道會發生什麼事嗎？

安全感

01 洞察天堂的本質

生命充滿未知與無法預測，但我們總是想要確定，只是那是不可能的；也就因為不可能，這種想要得到確定性的感覺，就會讓我們無止盡地想要去做點什麼，為的就是要讓自己安心，有個歸屬感、安全感，心裡面有寄託。建構一個天堂，為了邁向天堂而努力，就會覺得那些不安雖然存在，但不會有什麼影響，那座天堂就是每個人在心裡面或外在，轉移跟逃避自己恐懼的一種方式。

02 安全感卻讓我們動彈不得

我們很難面對自己真實的狀態，所以才會逃避，為什麼我們會逃避？我們對未知非常地害怕，一刻都不能停在未知的狀態，我們的心很空洞，所以一直要處在「安全」的狀態；但是這個「安全」又使我們動彈不得，因為一直陷在這個模式就會動彈不得，這是恐懼的根源。

我們一直把現在投射到將來以便逃避痛苦與未知，我們一直想要有安全感，可是這安全感又讓我們很痛苦，因為你「以為」得到了卻又很怕失去，所以我們要認清安全感是什麼？

安全感其實是我們害怕所以製造出來的，例如：我自憐時就去邀請別人同情我、安慰我。這時害了自己也把別人拉下來，變成兩人在其中攪和，這樣的模式又會助長靈魂裡面自憐的印記，而且又衍生更多問題。

一開始可能覺得很好，找到安全感了，沒多久就會挫折，因為別人也很難完全附和你，他也有他自己的狀態，就會沮喪一段時間，過一段時間又重複這個模式。所以我們能不能看見，在這些模式當中真的有得到安全感嗎？

03 熟悉的安全感

「受苦」是一種令人痛苦的狀態。不過，在我看來是「受苦」的狀態，在受苦狀態裡面的人有時並不覺得是受苦，而是一種熟悉的安全感；有了這種熟悉的安全感，他才會覺得舒服或是安心。

所以當我們還不能跳脫的時候，就是還在裡面學習也不叫受苦，「受苦」這個詞是要看狀況講的，有的人他也不叫受苦啊，有些人寧願在那裡「幫助別人」，做的很辛苦、付出很多，也沒有收取任何的錢，可是他就是很歡喜、很甘願的這樣去做。

在他來說，會覺得那樣他會舒服；可是對我而言，我很清楚他為什麼要這樣做。因為他就是一個念頭，認為這樣是一種贖罪、補償、或是一種付出。有這種感覺他才能夠安心。

這種感覺並不是真相，反而是他要跳脫、要提升的一個障礙。對我來說，我覺得這樣是受苦；但他覺得這是他的安心、他的真相。這樣做並非對或錯，沒有人會說他不好。想要跳脫與提升就像是站在一座階梯當中，你可以一直往上踩，可能可以看到很美的風景；你要停在這個階梯，也沒有人會說你不好，也沒有人會說你錯，這只是你現在的過程。

04 真正的安全感

我們因為恐懼所以要訂定目標，然後朝目標前進，即使成功達到目標，仍會繼續擴大建構安全感的範圍，因為我們始終想要去抓一個無法抓取的概念，我們的頭腦就會設計不同的花樣、方式或目標，這樣我們的頭腦會有暫時的安全感。可是一段時間就會發覺不是這樣，當然，也可能在這些過程就有很多挫折，然後陷在這裡打轉。

其實我們對安全感不了解，我們只想要得到這個概念，它不是真正的事實，試問有誰曾經得到過安全感嗎？既然都沒有人擁有過，為什麼想要得到？其實是我們對未知的恐懼，無法停留在這種狀態也很怕改變，所以就投射出一個安全感，讓我們的心可以順理成章地去逃避不安。然而我們也不願去認清真相，因為認清之後對生命是大革命，可是願意去認清的人可以得到真正的安全感。

當所有的痛苦都被你覺察，「愛」就會呈現，這個「愛」才是真正最大的安全感，而且是永恆。

關於愛

01 「愛」跟覺察分不開

靜心，就是要讓人抽身看見自己哪裡解不開，是一種學習「愛」的過程，能讓我們把一切打破，懂得何謂「愛」。「愛」跟覺察分不開，然而我們經常不知道自己是帶著什麼動機在做。

大部分的人並不關心「愛」，也不在意這個東西，唯一在意的，就是能夠得到想要的，這樣就好了。不會有人去在乎那個「愛」，不在乎「愛」不「愛」，只要得到想要的，就滿足了。

充滿慾望的時候，不會有人在乎這個東西，不會在乎這個東西有什麼用處，滿足慾望比較實際。

「愛」是一種覺察，如果沒有辦法覺察，就沒辦法碰觸到。

當我們充滿恐懼，當我們充滿慾望，我們不會有「愛」，當我們充滿企圖心（野心）時也不會有「愛」。問題是，當你在那個企圖心的狀態時，你是不是知道？

光要知道你是不是帶有企圖心都是不容易，何況說要放下，在野心底下做的任何事，無論怎樣做都不會有「愛」；真的有「愛」，喜歡的人離開你，是不會感到痛苦與難過。

儘管我們大都不在乎「愛」，然而我們受苦的唯一出路，就是「愛」。

02 是愛還是怕失去？

我們很愛我們的家人，可是探討到最後，你會發覺，其實是很怕失去他們，因為失去他們以後，會很孤單、空虛，可是你嘴巴口口聲聲說愛，說為他好，其實是害怕自己無依無靠。我們承認我們沒有能力愛人，都只是一種索討，因為我們還有那麼多的害怕跟解讀，我們講的話如果他不聽，或是沒按照我們的意思，我們就生氣，這樣叫作愛嗎？

我們生氣的原因就是：如果他沒有按照我們的意思，然後他不好，我們就會替他擔心，可能以後沒辦法成為我們的依靠。

● ●

03 從我們的痛苦來定義「愛」

我們都渴望愛、都想要被愛，可是到底什麼是愛？當我們覺得孤單時，想要有人陪伴，這個時候如果有人陪我們，我們把它叫做是愛。當我們寂寞、痛苦時，也渴望有人來愛我們，我們把它叫做愛。當我們遭受挫折失敗時，我們也希望得到認同、接納，得到愛。

到底什麼是愛呢？我們不知道什麼是愛，但是我們以自己的痛苦去把愛下定義，那麼這樣子是愛嗎？你符合我的期望，我說你愛我，因為我有痛苦、我有期望，這是我的定義，但這是愛嗎？

我們不知道什麼是愛，我們知道的是，我們需要溫暖、需要愛，可是我們到底了不了解什麼是愛？我們是不是把愛變成是一種交易、互惠？我們把愛變得非常的膚淺。

愛應該是一種奇蹟，愛可以解決我們生命中所有的苦痛，可是我們卻把它變得非常地狹隘。因我們從自己的痛苦投射愛、從我們的痛苦定義愛。到底什麼是愛？在我們的關係裡面，在生命裡面，如果沒有愛的發生，我們注定要受苦，而且是重複受苦。

到底什麼是愛？我們的一生當中充滿了挫折、失敗、孤單、寂寞、痛苦，有短暫的歡樂、短暫的滿足，也有著非常多的痛苦。這是我們的生命，這是我們一生在經歷的事，我們看看，面對這些受苦，我們是在如何地處置它？

我們是怎麼面對這些痛苦？我們怎麼樣去處理它？是面對它？還是逃避它、扭曲它？如果我們可以回答這個問題，那麼你就會明白什麼是愛。

04 愛是內心的狀態

當你心中有愛時，你就會擁有一切，不是別人給我們愛，而是你心裡、內心的狀態就是一個愛的狀態，不是我們從外面獲得別人給我們愛，給我們關心，這一些都是因為我們受傷的心、很狹隘的心，對愛的一種錯誤解讀。愛不是那樣子的，那不叫愛，那叫交易，那叫互惠，那叫權益，終究你還是會挫折，還是會痛苦。所以愛是我們怎麼樣去學習面對我們的痛苦，面對我們的障礙，當它可以結束的時候，你自然會呈現愛的狀態，你自然會擁有一切，這才是愛。

● ●

05 愛超越頭腦已知

我們把愛看做是一種互惠，或者是交易：「我這樣對待你，你應該愛我，我給你什麼，你就要給我什麼；你是怎樣，所以我應該怎樣。」我們只在乎得到我們想要的慾望，這樣的態度障礙了學習，就好像這個「愛」其實是整個宇宙這麼大，可是我們卻拿了一個水瓢要去舀。

我們把愛看成這麼渺小跟膚淺，所以我們會活得沒有辦法快樂。當我們可以開始學習的時候，你就會了解，這個「愛」不是那麼一回事，它其實是非常美妙、神聖的，它是一個狀態，它不是一個行為，你沒有辦法透過做任何事來說你是愛。當你可以完全了解心中的痛苦時，你的愛才會出來，這樣的愛才是一個永恆。

06 受過去影響而不自知！

我們有很多障礙，阻礙著愛的流動，基於恐懼害怕而生出許多問題，把關係中愛的流動堵住，每個人都在重複這樣的模式。恐懼，是過去經驗的解讀；凡是會讓我們害怕的，都是過去的記憶。

我們受到過去經驗的影響而不自知；不自知，問題便始終影響著我們，如滾雪球般，讓我們看不見根源。而透過靜心、觀察，「看見」了這些恐懼，恐懼便會一個個脫落。

07 無懼

如果過去的傷害還存在，就會用受傷的態度去回應周圍的生活，所以每個人都活得不輕鬆，那就是因為這些障礙沒有出來、或是沒有被鬆開。學習靜心可以讓這些傷害跟這些障礙，被我們了解，被我們療癒，之後放下就會發生，才有機會經歷生命中珍貴的東西，而不是讓慾望佔據一生。

放下的那一刻，愛才能浮現，那一刻的輕鬆跟自由，不也是一種愛嗎？若沒有放下，是不可能有愛的，那不叫愛，叫慾望、執念；愛沒有任何說服，它就是那個輕鬆、自由，「放下」本身就是愛。真正的放下，非常困難；不是說服的放下，或無奈的放下，而是一個心靈的枷鎖鬆開，沒有恐懼的人，不會把關係弄壞，那才是真正的幸福。

08 給予只為了獲得？

我們要毀掉心愛的關係是多麼容易啊！只要一句話，一個譏笑就夠了。我們的關係是那麼脆弱，因為關係裡面沒有愛。

關係是複雜、困難的，我們給予只為了獲得，只因我們始終陷在頭腦的慣性模式裡，使得原本的單純美好變成了恐懼，很少有人可以從中脫身，我們內心的愛已被頭腦敗壞，人生才會充滿痛苦、困惑、空虛與匱乏。

缺少了愛，不論做什麼，在關係裡是無法快樂的，把這些真相揭露，這才是關係的真正意義，因為揭露真相才能真正淨化內心。

09 是愛還是索討

對待所愛的人，我們往往先對他產生期望，接下來呢？他如果乖乖聽我們的安排，我們就開心；如果他不按照我們的要求，我們就會失望。期望這兩個字很簡單，但你們知道這兩個字要經歷幾年嗎？一下到期望，又一下到失望，然後在這裡擺盪，也許十年八年之後，將會變怎樣？絕望。絕望之後就會無力、挫折，最後走到逃避。

我們為何對他人有期望，我們想要什麼？我們想要被愛，為什麼我們想要被愛，卻經營成這樣？

我們是不是可以想一想，我們其實都沒有真正「愛」過任何人，事實上只是想替自己找一個避風港，為自己的恐懼找到一個歸屬感，一個安全的地方。如果我們沒有「看到」這點，我們的努力跟作為會導致什麼？會很挫折無力，而且離自己越來越遠。

10 障礙鬆開，「愛」不請自來！

我們現在要挖一個井，我們把土挖起來，然後把井築起來。請問這個井是我們創造出來的嗎？體會一下！其實井的空間本來就有，只是把土搬走而已。我們愛的狀態，自由的狀態，就像這個井一樣，本來就在，只是被我們很多錯誤的觀念給蓋住，給騙了。

我們從小被教育成必須這樣、必須那樣，形成我們的觀念跟性格；這些東西就是障礙我們可以有愛的狀態。其實愛的狀態，就像井一樣，它本來就是存在的，因為我們都未曾看過它，所以我們不知道。現在我們沒有學習而陷入「受苦的模式」，如果可以轉彎，往恐懼、安全感去了解的時候，這個狀態自然發生，絕不是任何人給你，而是我們本來就有。

我們要去「看見」，我們是怎麼樣把一些不屬於我們的東西，或是我們本來沒有的障礙（受過傷的一些障礙），一直累積，一直收著，然後打包起來，常常拿出來用，所以導致我們沒辦法開心。

11 死亡與愛

死亡就是唯一的未知！我們沒有辦法去經歷，所以，我們根本沒有辦法了解它。對我們來說，我們對它的感覺就是害怕。

如果我們要探討肉體死亡這部分，並沒有太大的意義，儘管我們可以活兩百歲，這個身體還是會毀壞。

重要的是，我們害怕的不是死亡本身，而是我們對死亡有非常多的想法、看法，是這些想法讓我們覺得恐懼，所以，導致我們永遠都不敢去碰觸，去面對這個部分。

如果我們不了解我們的生活、生命，那麼就沒有辦法了解這個死亡，因為兩者不能分開！

我們可以看一下每天用什麼方式在生活?生活裡面有什麼?我們生活的內容儘管再豐富,但是內在就是「逃離自己」。我們透過忙碌逃離自己,透過從事「有意義的活動」,這樣就可以不用去面對痛苦、孤單。

所以,要實際去看看我們生活的方式,而且提這些,並不是要說這個好或不好,沒有好或不好,因為這個後面的根本就是「逃離自己」。這些模式底下有短暫的歡笑,有一點點甜頭,並非完全沒有。

但是,如果這個甜頭,硬是要拿來跟我們講的「頭腦停止活動」跟「我們本來具足的那一刻連結」來相互比較,就是一粒沙。

今天如果你對生活的這些模式,當下開始不執著、當下了結時,你是不是就跟死亡在一起了?是不是當下「你」就死了?當我們的頭腦活動,製造問題的那部機器停下來的那一刻,我們很自然地就可以跟我們的本來具足的那個「愛」連結。

學習面對或是逃避

01 其實，面對比逃避單純

有時候我們會製造一些問題，其實背後是有原因的，如果我們沒有學習面對，這些原因如果沒有被我們發現，它是不會消失的。

例如：某人一直不斷到處跟人起爭執，直到開始去面對，才驚覺內在有個聲音是，寧可讓別人來傷害我，我再去討厭別人，也不要面對可怕的自己。可怕的自己就是，活著就要咬著牙去打拼，一個人很孤單、空虛實在很可怕，寧願有人來打我，傷害我，這至少還有一個別人，但是要我面對自己的空虛時是什麼都沒有，那很可怕。

我們內心有許多衝突，但是都不會也沒有學習如何面對，才會不自覺地製造很多複雜的問題來逃避自己的真實狀態。其實面對真實的自己是很單純的，而且問題就會終止；製造出來的問題與糾結反而更複雜，而且沒完沒了。

02 我是如何地逃避？

我們都不知如何面對煩惱，於是，每個人都會發展自己逃避的方式，只有自己清楚，別人不會知道。有時候，「面對」是種未知，所以寧可逃避，待在現狀似乎比較安全；可是這樣的模式會看不到實際上自由就在旁邊，若我們只忙於逃避，一切的美好在眼前也看不見。

每個人都具備靈性與智慧，當你開始不逃避、不假裝時，要自由就會很快了。有時候我們很會欺騙自己，很會假裝，這些只有自己最清楚。能夠放下逃避的模式，接下來就會產生一連串的改變。當然這個放下需要過程，但是心裡一直抗拒的話，過程就不會發生，最後的自由更不可能，因為你不願意，就完全沒有開始。

03 當痛苦畫上眼影與腮紅

對於會影響你、讓你覺得痛苦，以及生活的種種不如意，你可以去面對這些問題，可以去了解這些根源。解脫，才有可能真正地發生。假設缺少了了解的過程，所謂的修行就變成是一種「概念」。

我看過許多修行人，這個法門修過，那個法門修過。不要講修行人，上課也是一樣，很多的課，名字我講不出來，我看每一個都變成職業上課，到處在找尋。這樣的方式跟方向，絕對沒有辦法讓你真的自由，讓你真正的快樂，讓你真的解脫，因為你始終沒有看到，那顆恐懼跟缺乏、那顆抓取的心。因為你不斷地在找，在上課，沒有辦法往自己的根源走，所以無論找到多少個老師，上了多少課，你還是跟原來一樣，不過就是將原來的痛苦化了一點妝，畫了一點眼影跟腮紅，臉一洗又回來了。

所以了解根源就是要我們去體驗、去覺察這個過程，去了解這個過程，有了這個了解，力量才能夠出來，這才是重點。

04 漫長的等待

有些時候我們活在等待中，等睡覺、等天亮、等吃午餐、等中秋節、等過年……，一直在等，我們在這個模式底下好像被催眠，懵懵懂懂地去做一些事，因為不知道生活有什麼意義，所以我們只能等待。

當我們絕望、痛苦又沒有學習面對時，往往封閉、孤立自己，無法跟現在的關係與事物交流，感覺跟一切都沒有連結。然而頭腦無法容忍這樣空無一物的狀態，所以驅迫著要抓取一個對象，於是寄託到未來的某個時間點，這也是逃離自己的方式之一。

05 等一下要做什麼？

在打拳的時候，在練功或靜心練習的時候，尤其剛開始練的那十分鐘，往往內心在交戰：打一下，好累喔！練一下，等一下要去吃什麼？平時想不起來的事，現在全部都想起來了，為什麼會這樣？

平常我們都會有等一下去洗澡，等一下我要去吃飯，下一個行程要去睡覺，下一個行程要去哪裡？等一下下完課我們要去哪裡？晚上要去哪裡、吃什麼？我們是不是都這樣？如果我們沒有任何下一個行程的時候，我們會怎麼樣？會恐慌，會很焦慮，然後會沒有安全感。

所以我們如果悟透了這個狀態，我們會省掉很多耽溺跟時間，因為我們不需要再製造下一個行程，所以我們練功的時候，沒有下一個行程，都是機械化的動作。而所有出來的念頭都是我們頭腦的慣式，習慣要找一個安全的感覺，才需要下一個行程。為什麼我們打拳打不下去，這也是很大的原因之一。

現在，請你們注意自己的念頭，去注意你的念頭。你可能生起任何的念頭：等一下要做什麼，下一餐要吃什麼，有人欠我多少錢，昨天老公沒有回來……。所有的感覺、念頭出現的時候，你要能夠覺知到它們的浮現。不管任何念頭上來，你都說「好，我看見你了」；任何念頭上來，你都說「好，我看到了」。一開始會很困難；但慢慢的，慢慢的，你會發現你的念頭越來越少。

在你能夠注意那個念頭的時候，你打拳打一個鐘頭也不會覺得累，那是因為你慢慢的可以安定下來。心無法安定下來，都是大腦在活動的時候，我們就沒有解脫的空間，因為我們的心忙於念頭，忙於很多很多事，沒有空間可以解脫，這時，受苦是必然的。

解脫究竟就是心安靜，那就是究竟，一開始會很難，練功的時候，慢慢去注意，不管生起什麼念頭，心就會慢慢安靜下來。覺察到每次我講的，注意我們的念頭時，心就會變得比較輕鬆，那能量會不一樣。當我們可以注意到自己的心念時，那能量是不同的。所以我們可以在念頭打仗的時候，去注意自己的念頭。注意就好，不要詮釋。

06 不做什麼的時候

我們日常生活當中，其實在做很多無聊、無意義的事，可是我們會覺得那是必需，因為如果什麼事都不去做，停下來的時候，我們會焦慮，這時我們的障礙或累積的情緒會出來，然後會不知道怎麼樣面對。

所以我們才會一直做那麼多無意義的事，把我們的力量、能量耗損在那一些事物上，也形成一種「習慣」跟理所當然。

你不去做那一些逃避的事情時，你會覺得焦慮，所以不要一焦慮就趕快去做什麼，你就跟這個焦慮「在一起」，這個就是很大的突破。光這一點就很不錯了，你就可以安靜，心就可以安定下來。

07 穿越痛苦需要「全然」

我們一覺得受苦沒有辦法鬆開的時候，我們馬上會跑去上網、看電視，然後注意喔！這裡我們都會覺得，反正我去怎麼樣，就是一種有路可逃的感覺。反而當你無路可逃的時候，你的專注跟你的同在會不一樣，那就是一個絕對，一個純粹，如果你的純粹跟絕對，沒有出來的時候，就很難穿越這些障礙。

我們每天的生活會有「等一下要做什麼」的習慣，等一下要吃飯，明天要跟誰見面，總是會排一些行程。有下一步的行程時，我們的心會有種安全、填補，試想如果等一下也沒事，明天也沒事，後天也沒事，接下來都沒事，看看會有什麼感覺出現？就會出現恐慌或空洞，這些就是我們原先的障礙，它們就會出來。

當你在面對釋放障礙的時候，如果卡住了，你就會想要去做點別的，跟這種狀況一樣，因為你面對你的障礙時，不知道下一步會變怎樣，沒有安全的保障也無法填補，你會害怕這種不確定感，所以當你跑去忙別的事，這些障礙就無法穿越。當沒有下一步的感覺出現時，你還能夠跟它同在，這個障礙會很輕易的過去。

障礙在出來的時候會有很多不舒服、很多不確定感，空虛痛苦寂寞……，如果能量不足就會跑去做別的事，再次地忽略這些障礙，所以障礙才會不斷地重複。全然就是沒有未來，沒有下一步，這時你會在當下。

08 同在

頭腦的慣性是，感到幸福、快樂的時候想要延續下去，失意、痛苦時想要去除，這兩種態度都不叫「同在」。面對障礙時，既不想要攔住它，也不想要消滅它，帶著這個態度你可以看見真相。當你自己可以看見真相時，你自己就會從受苦中跳脫出來，這是沒有任何人可以代勞的，只有我們自己才有能力去看見。

你們有沒有注意到，好像有快樂的感覺時，我們給這樣的感覺叫做快樂，這個快樂對我們而言，是「好的、棒的」。我們給這個詞句一個定義了，然後根據這個定義做取捨，這是我們無法面對的原因。能否只是跟「這個感覺」在一起，而不是定義。

當你在專注看一樣東西的時候，沒有想要把它丟掉或其他任何想法，在這時心靈很自然地會釋放累積的能量，因為在這樣的狀態是一種純粹而不是衝突，如此可以叫做「同在」。

09 頭腦靜止，同在！

我們的心是很單純的，但是頭腦卻很複雜，所以我們要學會用「心」去面對，不是用想的。釋放就是一個「在」，在那個很單純的「同在」，頭腦是靜止的，這時候注意自己，跳脫害怕是很容易的，它有一點點空隙讓你跳脫出來。只有在你頭腦靜止的時候。這一點的體會與看見很重要，這時你的清楚與敏銳才會出現，你就會明白。

釋放是很好的靜心，頭腦停頓的時候，就有機會從表層的情緒進入到深層的意識。你的心要開放，允許它可以深入，如果心裡不抗拒，才能夠把意識深層的障礙釋放出來。這個釋放就是包含了覺察、面對、了解與清理。

●●

10 平靜

我們真的在覺察、在注意時，都要有個清明跟力氣，才有辦法警覺，才有辦法「看到」、「發現」；如果一直忙瑣碎的事情就會耗損能量，扼殺警覺，沒辦法注意。耗損之後就沒有精力去覺察，為什麼有些人會有心卻無力，跟這個很有關連。

開始學習覺察，注意自己的時候，判斷能力很重要，很多事情必須有所選擇，如果應酬很多、事情很多，就沒有精力去往內在成長。

心的安靜是一種狀態，要有這種能量、狀態，才有警覺，才有辦法

「看見」跟「發現」，就像我們一開始「養氣」，這個狀態就會出現。

11 心安靜

心安靜可以說是某種狀態或頻率，如果遇到不高興的時候就經常藉由逛街、購物、聊天、上網來忘記煩惱，這種模式就會形成頻率A。覺察則是頻率D，它是究竟與痛苦的止息，若是一直處在頻率A就無法體會頻率D的狀態。在頻率A的煩惱是對治不完的，它是一個死胡同，沒有出路。

12 抗拒，讓疼痛擴大

很久以前，我曾經到一個地方做整脊、推拿，每次回來就好像感覺被大象踩過。推拿師扳我曾經跌倒受傷的骨頭，讓我痛到汗如雨下，痛到骨髓裡面，甚至比生產還要痛。第一次我哀哀叫。

第二次我就不叫了，我就去感覺那個痛，一開始還沒有辦法，可是一旦可以跟這個痛「在一起」，能夠看著它或去感受它的時候，這個痛會有變化，而且不會那麼痛。若是我們覺得很痛一直叫的時候，就是我們心裡抗拒這個痛，才會覺得非常非常的痛。

覺得很痛的時候是有念頭的，例如覺得自己很可憐或是我很孤單……，因為有這些念頭而生出抗拒，是這些念頭讓痛苦擴大。

13 經歷痛苦，才有力量跟自由

痛苦是我們想逃的時候它才是痛苦，我們沒有想逃的時候它就不是痛苦。當我們逃避的時候，又會在生活重複這些苦痛沒完沒了。我經常講，當你願意去經歷它，也許半小時就結束它；問題是，我們都不知道什麼叫做經歷、面對，我們只會逃避。當然逃避的方法各式各樣，可是這些東西始終存在，當你開始學會面對時，它們就會不一樣，除非你去經歷這些痛苦，否則不可能有巨大的能量。你永遠不會有能量，因為這些痛苦會一直耗損你的力量，所以也不可能知道什麼是自由。

14 古老靈魂的許諾

生命一直重複相似的痛苦，我們始終無法跨越，因為從未學會面對，而被這些苦痛層層包圍，障礙了我們的覺性。事實上，我們過於麻木，迷失在過往的種種痛苦，陷入沉睡的狀態。

其實這些障礙是為了讓我們的心靈能夠醒悟與強壯，沒有面對與經歷這些過程，就不會有力量。所以不要害怕經歷痛苦的過程，你跨過之後，它就是你的能量，這個力量是無法摧毀的。你確實體會過，力量就會出來。

也許我們的靈魂曾經在很久很久以前，許下了這樣的諾言：「我們的心靈要甦醒」；可是我們實在太迷失了，沒有透過這樣痛苦淬煉的過程，我們領悟不到這種甦醒，領悟不到這個愛。

頭腦層次

01 頭腦之於心靈，猶如滴水與大海

一個人酗酒，其實他的頭腦知道，我不可以喝酒，我必須要戒酒，再喝我會出毛病。這個部分就是「頭腦」知道這個不好，可是卻沒有辦法控制，因為他跟自己的心靈沒有連結。這股能量就是會引導你，讓你想做一些什麼，其實就是要尋找「療癒之門」；但是你找不到啊，不管喝酒、大吃大喝、血拚，做完仍然感到空虛，靈魂並沒有因此而滿足，你始終在尋找、或是在壓抑，然後，越壓抑就越壯大，所以你就越空虛，前一刻滿足，後一刻你就空虛了，這股能量，只不過是因為「不了解自己」而已。

02 跳脫二選一的陷阱

我們頭腦常會想選擇甲好？還是乙好？但是這樣想就會打結，陷在觀念與頭腦的「認為」就會動彈不得，從頭腦、想法做出來的決定都是衝突

的，不管選擇哪一個都會痛苦，因為頭腦的本質就是衝突，要先探討與了解才有力量去做選擇。

例如：面對高薪卻不喜歡的工作，要去還是留？這樣問就會無解。你要先了解，你想要過什麼樣的生活？喜歡什麼？清楚了，才能做決定。了解是很重要的，了解之後才會有正確方向；如果不了解，光想要一個方向是不可能的。人往往不是因為實際的問題受苦，而是頭腦卡住。不是事件本身，也不在於二選一，而是對事件生出的執念與感受，我們往往無法分辨它們是真實還是虛妄。

03 「所認為的自己」只是思想的片段

頭腦的運作像篩子一樣，會把曾經發生的某些經驗去除，留下某部分，拼湊成為記憶。我們憑藉這些記憶做決定，日常生活的行為也是據此作反應，這些反應往往不完整也常導致內心衝突與混亂。

例如一個人覺得不被愛，就會從不被愛做反應，事實上，可能有些被愛的片段不記得。我們心智的基礎就是這些記憶，能不能不要在這些基礎裡面運作？

04 頭腦總是根據過去做反應

頭腦的根據都是過去的記憶，例如：以前曾經被借錢不還，這件事形成一個經驗，事後遇到有人跟你借錢時，你可能會很拉扯，一方面同情，可是又不想借。過去的記憶一旦碰到類似的情境就會跳出來影響現在，假設過去借錢的是A，現在來借的是B，我們把對A的情緒反應到B身上，事實上不關B的事，卻造成我們左右為難。

這就是依據過去的受傷經驗來反應現在。問題是，我們陷在裡面為難時，我們是不自知的。現在的經驗不一定會跟過去一樣，我們若是沒有注意，就會陷在頭腦的反應方式。

頭腦層次也包含知識、人際互動留下的印象、是非對錯的評斷、社會文化等等，社會的價值觀例如忠孝節義，讓頭腦可能因為受傷的經驗或是從小的教育而需要被認同，我們會陷在這裡無法跳脫。

頭腦已經有這個模式，就會用這個模式對待所有的關係，關係不只是我跟你的關係，你跟你的茶杯，跟金錢也都有關係，也會陷在同樣的模式中。

想要清楚這些，不可以主動挖掘，若是一直挖，表示帶著頭腦的動機，只需要被動的觀察。觀察生活中每一點一滴的作為，去觀察如何跟人說話，去注意自己的心態，在幫助人時有哪些想法，如果有注意一定可以注意到，除非你逃避。注意看看你是怎麼樣走路，怎麼樣吃東西，跟人說話時講些什麼，講話時背後的感覺，你一定可以抓到，只要從不知不覺當中去觀察你的不知不覺，你就會又知又覺。

05 煩惱從來不是新鮮的！

問：你說：「我們的煩惱都不是現在的，而是以前發生的，沒有一個是新鮮的」，可是我現在怕我老了，沒人照顧我，這不是現在嗎？

答：我說的當下，就是現在正在發生的事，所以是現在這個「害怕的念頭」起來，不是現在發生「沒人照顧」這件事。

這是因為我們沒有學習到同在，如果你可以學習到同在時，就會知道那個痛苦、受苦，是怎麼一回事。完全沒有一個是當下的事，都是過去的記憶，都不是新鮮的，也都不是真實的。因為你的頭腦，還有你的習性，讓你「覺得」這樣不好；所以你「覺得」很痛苦！

你覺得「這樣子，我沒有面子」；你覺得「這樣子，我孤單」；你覺得「這樣子，我沒有依靠」。你就是覺得「這樣子……不好」，所以你會覺得痛苦；如果你沒有覺得這樣不好，你還會痛苦嗎？問題就是你的那個「覺得」。你對你的「覺得」不知不覺，就是不同在。就是你的「覺得」，還有

「認為應該如何」在出問題。譬如說：「我一定要吃到三碗才會飽，沒有三碗我就不會飽，所以我每次硬撐，就一定要撐到三碗。」有一次你突然「覺得」吃一碗也會飽，你突然發現這樣也行啊！

就是那個「覺得」在出問題啊！當你對你的「覺得」不知不覺的時候，這些「覺得」就會一直重覆。這是很基礎的覺察，而且很重要。當你的「覺得」、你的「認為」完全在這個不知不覺裡面時，才會受苦。

06 不隨對方起舞，受苦的關係才有解

你有你自己對我的印象，我也有我個人對你的印象，這兩個就容易打架；如果只有一個，就不會繼續製造衝突，不跟對方起反應，問題才有解。所以自己頭腦的「認為」要先停下來，才可能去了解對方，表示我們要先了解自己才能了解對方。當我們開始了解自己時，對方也同時被你了解，這就

是屬於心靈的層次，頭腦難以涉及，除非頭腦停下來；當然不是你想停就停，而是透過了解頭腦，才會自然停下，那時才能談心靈層次。

痛苦時我們往往想改變對方，達成某個目標，這些作為最後都會挫折，這是必然的，因為關係的課題是頭腦無法解決的，當所有的反應都是從頭腦出發時，關係一定是痛苦的，不會有交集與愛。當你看見是你的頭腦在運作時，馬上可以停下來，因為你知道它不但無益，反而是傷害，自然而然可以停下來。

如果我們還陷在頭腦層次，這些糾結不會停止，受苦也是必然，因為它就是這樣，除非你學習去跳脫出來、去了解這些。在關係中，沒有互相都能達到彼此期望的，沒有這回事，頭腦卻誤以為有。

此外，在我們的細胞裡面也渴望安全感，因為一生下來就這樣被對待、被教育，所以跳脫這些痛苦很難，不是講一講跟想一想就可以，是要實際去注意跟體驗。

07 認識頭腦的限制

人在痛苦時就想要有所作為，但是這些作為都來自殘餘的經驗與記憶，是狹隘、不完整且充滿衝突。試問一個人的經驗與記憶有多少？這幾十年的記憶跟經驗其實很有限，而且往往只吸收受過傷或是你要的記憶，在宇宙裡面只不過像一粒沙，在關係裡面更是渺小，如何能夠用你的記憶解決問題或讓別人需要你？

我們往往一廂情願地做一堆事，然後覺得我給你很多了，我很愛你，到最後其實是我怕失去你，跟對方一點關係都沒有。如果你可以去看清楚真相，你的作為會停下來，不平衡也會鬆開來。

能夠清楚這些就是靈魂的進化，陷在頭腦不管怎麼做都會挫折，不是你不夠聰明，而是這就是頭腦的限制。因為你的作為都是從恐懼出發，對方不會感覺到愛，唯有自己頭腦開始停下來之後，才可能有愛。

絕大部分的人都活在頭腦的層次，只有極少部分人能夠體會超越頭腦的層次。這需要很強大的能量，需要具備能夠透徹這些東西的能量，這不是一天兩天、一年兩年、而是生生世世都要在這裡學習。

08 當你開始轉化，你就會變成不滅的明光

每個人來到世界上都受過很多傷，我們會根據這些受傷的記憶在生活，這也是我們一直在痛苦的原因，我們一直陷在這個頭腦的模式裡面，才無法跳脫這個痛苦。如果你以前嘗試要得到安全感，已經用了一百種方法，現在想要試試有沒有一百零一種方法，用這樣的態度去觀察頭腦一定跳脫不出來。

這個東西真的很重要，它影響我們生生世世，如果我們的學習與覺察有個清明出現，你的靈魂就會不一樣，而不是忙著為解決問題找新方法，仍

然在原地打轉，累積挫折、無力，陷在這樣的狀態耗損能量。我們要直接抓到根源，就是頭腦的運作，只要陷在頭腦的運作一定受苦，但你無法用一句話，「那我不要受頭腦層次的影響」，而是要去了解跟注意，能夠看到自己的障礙，這樣才會解脫，之後關係才會不一樣，是從內在自然散發出來，

當你的頭腦、自我死掉之後，你才知道什麼叫做心靈層次，心靈沒有我的、你的，我們共用一個心靈。當然我們不是否定頭腦，工作時需要用頭腦，它有被需要的地方，可是用在關係就會成為障礙。所以覺察很重要，沒有它就會陷在運作的反應裡面。當你的覺察與「定」可以比較深時，就比較不會陷在頭腦的反應之中，同時在觀察別人就很容易，因為心智是一樣的，只是表象不同，內在動機是一樣的。

不要小看一個人的轉化，每個人的轉化都可以影響很多人，當你開始轉化，你就會變成不滅的明光。

觀察思想的運作模式

01 你的看法就是你的世界

遇到狀況時我們往往看不到整體，因為你已陷在你自己的看法裡；當你陷在你自己的看法裡面時，你就是在你自己的世界裡面，你的看法就是你的世界，你的世界就是你的看法，所以才會看不見整個整體。你的一個念頭覺得很害怕，你的世界全部就是害怕，你的害怕如果存在，怎麼看得清楚自己？

你的害怕沒有了，你才看得到事實，才看得到真相，你在害怕的時候，你所有的認為都是害怕，你的世界就是害怕，你怎麼可能看得到事實？

●●

02 起心動念都是讓我們自由的線索

假設先生到凌晨兩點還沒回家，一開始你可能會覺得很緊張，很擔心；但過一下可能會說「管他的，不要理他！每次都這樣……」其實這裡面就有很多內涵了。一開始生氣、懷疑，後來又用一種算了、無奈的反應，這個念頭就表示，關係裡面已經有太多重複，重複了很多的無力，很多的爭執，一定有很多的過程才會變成「算了，不要理他」。

對於當下發生的事情，我們的反應，呈現我們在關係裡面的狀態。通常的反應會開始找人，打電話；可是變成冷漠，這個反應就是從我們的念頭來的，這個念頭就已經把這些煩惱都化作是此刻生出來的感覺。所以，每個念頭生出來，其實它的背後都已經包含很多的內容與過程，應該是很多內容構成一個念頭吧！

我們在決定一件事情時，做抉擇的時候，應該是很多的過程在影響，絕對重點不是在一個「要或不要」。所以，念頭是揭露整個心念的過程，只是我們能不能看到而已。念頭代表著我們很多的過程、情緒等等。

所以，每個起心動念都是線索，讓我們自由的線索，只是我們願不願意去注意而已！

03 自卑跟成功本來就不相關

以小朋友說謊為例，我們就會先責備，接下來說教，我們很少真正去了解，他需要說謊的原因。

假設我現在覺得「我不夠好」，我就開始去整形美容、去改變我的造型、弄得很漂亮，然後我覺得這樣子我就會好。試問「我覺得我不好」跟「我去整型」這兩件事有沒有關連？如果可以去了解「我不夠好」，就能夠直接看到根本跟究竟的問題，而且那才是針對問題。這是我們要學的一個很重要的真相，我們通常都用相反的方式，那相反的目標跟原來的問題通常都沒有關連！

為什麼有的人覺得必須奮鬥努力，到幾十年後年紀大了，也許實現他的目標了，可是在他心裡面還是有些失落，因為當初他覺得自己很自卑，也許很自卑，所以他就想說「我要成功」。之後他也許成功了，可是自卑還在，因為自卑跟成功本來就不相關。可是我們一直用這樣的模式在思考、在生活，所以導致我們的問題一直存在，這就是我們的思考模式出了問題。

04 覺察今、昔的關聯

假設過去感情的受傷是對方跟我說了很多「花言巧語」，現在一遇到類似「花言巧語」就馬上把對方否定，所以現在的反應是因為過去的受傷造成的，這兩個點都要看見，才能夠清楚是因為過去的受傷造成現在的反應，而且不只是反應，現在的心態都還留在過去受傷的憤怒和怨恨當中。

許多的作為是因為過去的受傷，所以現在才會這麼反應，當下的覺察就要連現在受影響的反應也「看見」，現在的心態可能還有過去受傷的痛苦在裡面，才會做這樣的反應。

05 你的思想反映整個人類的受苦模式

靜心不是你們想像中的複雜，它也不一定要找時間坐下來打坐。真正的靜心就像現在，你也可以靜心，你自己講什麼，你知道；自己在想什麼，你有注意到，就是從這個地方開始，就這麼簡單，你只要開始注意你講的話，你做的事，這樣就可以了。

你們不知道，從開始看你所講跟所想的內容，你可以看到很多事情，你可以看到上、下七代的東西都在這裡了，你可以看到整個人類的受苦模式，都已經在這裡了，當有一天你突然「啪！」原來是這樣的時候，你不知道那股力量是會震動的，整個地球能量是會震動的。

●●

06 想被認同就是怕被排除

我們用自認為的方式來得到認同、得到愛、被接納、被看見，所以我認為，我做很多就會得到認同。

這是頭腦很一廂情願的地方，這是我們思考的反應模式，很侷限跟狹隘，這有一個習性、慣性的模式。我們會自然認為：「我考一百分就會被愛，我很優秀就會得到認同、會得到賞識。」這就是頭腦經常在這個地方，用這樣的模式在製造受苦。

例如：考上第一志願就開始跟親朋好友廣播，開始慶祝，覺得很榮耀；如果沒有考上好學校，就覺得挫折、沒有能力，然後就擔心以後怎麼競爭，以後怎麼生存？社會及周圍的人都崇尚這樣子是成功的、好的、有價值的，他的未來是有希望、被推崇的、榮耀的。

所以我們的意識裡面就儲存著：我要做得很好，才能符合社會的認定。我們其實很怕跟社會的框框不一樣，怕被社會排除，我們內在都有這些東西，儘管我們沒有看到這部分，卻深受影響，一直逼迫自己要更好、更努力。是不是保持一顆能夠觀察自己的狀態、不受影響的心，而不是叛逆，才能跳脫影響，才是真正的自由？

07 受過的傷，形成個性繼續製造煩惱

我們在成長過程其實受非常多的傷害，大部分的人受了這些傷之後，就是累積起來，形成自己的個性、生活方式、模式。今天，我們在學習，就是要去注意：

我們看待事情，或是在互動裡面的任何事件，是不是從我們受傷的模式反應出來的。

假設我們是從這個地方反應出來的，那麼這些傷害永遠會在這裡循環，因為我看待這件事情的時候，其中態度、所做出來的回應跟反應，勢必是這些痛苦、傷害的延伸，所以這個痛苦是不會停止的。

也許我們會說，我們這樣的認為是理所當然的；然而，這不關對錯，這不是對錯的問題，而是我們這樣子的反應方式，用在我們的生活中，會讓我們的心哀傷、悲傷、挫折、憤怒、焦慮、恐懼。是我們生活回應的方式讓我們產生了這些痛苦，所以這個地方，不是一個一個去把痛苦擺脫掉，而是

要去注意，我們對事情的反應方式，就是我們頭腦製造問題的方式，思維的模式。

我們所有的痛苦就是在這個地方，一個轉折，如果我們沒有辦法覺察到這一點，認清這一點，我們就是在頭腦思維的模式裡面受苦。當我們在認清這個模式的時候，就會明白，事實上，正是這個模式，在讓我們的痛苦對我們的生活產生衝突、痛苦、矛盾，這裡非常重要。

08 清理很重要

我們受過傷害以後，眼睛就會透過這些傷害去看任何事情，其他的事情就會感受不到，所能感受的就是自己的傷，所以清理很重要。

清理才不會把自己的痛苦帶給別人，在關係裡面攪和，這樣就是停止製造痛苦了，關係才有可能重建。不然這些模式持續運作，今天休兵，下週又開戰。藉由清理才能了解自己在關係的障礙，問題自然會停止。沒有清理的覺察就沒有力量，只是帶著傷害在看，就是一種概念而已。

09 內心的拔河

其實我們本身就是愛我們的父母，就是愛我們的小孩，我們本來就是有愛；可是，在被規定或被強迫我們要去做的時候，就會反彈、抗拒；但反彈以後還是要做呀，就很不甘願。可是會有「抗拒」就是有一個很不想做，又有一個力量說「你應該要做」，然後，這兩個打架，打到最後誰勝利？兩敗俱傷。打到最後，你做了以後你覺得很痛苦，你不做又覺得愧疚，所以就會在這兩邊擺盪，它就是「驅迫的力量」。

所以看到這點是怎麼來的，是怎麼生出來的，是不是自己製造出來的，我們先製造一個問題，再去製造那個問題的解決辦法，然後依照這個模式，我們一直在換不同的題目，這次是對母親的事，下次可能是減肥或其他的事，所以本質是相同的，你一直在重覆這些；但是當你看到這些都是我們自己製造出來的，那受苦的根源才會停止。

10 「看見」念頭的運作

同學：會覺得自己的動能還是不夠！

老師：這句話正是重點，從這句話反映你對自己很驅迫跟鞭策，會帶給自己壓迫與壓力，這時候你還能夠了解你自己嗎？你把重點跟方向放在「自己應該如何」，就無法再深入了解自己，我們很容易認為自己應該達到某種標準，這樣的要求就會帶來挫折跟無力感，恐懼與混亂。

我們很容易生出「應該如何」，這樣就不是在了解。

對於過去經歷的事，我們會依照好惡，把它去掉一些，留下一些，形成中心點。面臨挑戰的時候，就會根據中心點反應，這中心點也是我們的侷限，因為它從來不是新鮮的，所以這個鞭策也是從中心點出來的，中心點就是我們的頭腦。

11 觀察批判

對內心出現的想法，就是把它知道一下就好了，其實那些念頭不要太在意它，也不要去挖掘這些念頭，只要知道它們，注意一下它們就好了。這些模式就是我們一直以來的模式，它們全部都是互相關連的，只要注意一下就好了，不要一直在同樣的問題裡面，鑽、鑽、鑽。

這樣就會變成一個分析，這樣不是觀察，你對你所看到的，你又說「這樣是不對的，我這樣不行，我必須要怎樣；我發現到我那裡不好，我必須要怎樣」，那都不叫作觀察，這叫作判刑、判罪。判刑是你覺得自己應該如何，其實這不叫作觀察，所以當你看到你的一些模式之後，沒有任何先入為主的態度，沒有你應該怎樣。如果有批判，那就不是觀察。

所以你要觀察你的批判，你說「你這樣不行，你必須要有多點時間，做這個、做那個」，這樣對自己就有批判了，你的觀察就已經關門了，而當你開始在這邊做「你覺得該做」的事情，這就不是觀察，這叫作陷進去。所以你要去觀察你的批判，因為你的批判，你會產生一個目標，衝突；然後努力，挫折。所以如果你沒有去觀察你的批判時，你就會陷入這個痛苦的模式。你不了解你的批判的時候，你只要去觀察你的批判，單純地去觀察。

12 注意的過程比看到的內容更重要

觀察自己的過程，如果想不出名稱，你不要硬給它名稱。其實我覺得這個覺察的重點，不是說你要看到什麼，你要知道什麼，而是你在注意的過程中，純粹的注意時，你的意識就在轉化。

你看到什麼，你感覺到的內容，不需用語言形容，就是靜靜地跟這種感覺在一起。當你可以有不同的方向，跟自己的不管是正面或是負面的感受在一起時，這個過程，就是一個學習、提升的過程。其實那個名稱是什麼，並不重要，你就是多了一個標籤，例如我很暴力好了，假設我很暴力，那接下來呢？

好像你給這種感覺一個名稱，「哦！暴力」，然後就放著，你就這樣而已，你並沒有真正從這個暴力學到什麼、成長什麼？你只是一個概念說，「哦！我暴力」，那這樣你還是暴力的。所以我們習慣給它取一個名字，這個態度可能也可以去注意，如果沒有名字很好，就是跟這種感覺在一起，為什麼一定需要有名字？

名字會有框框和限制，不一定要有名字。這個時候就會有彈性；一旦我們有了彈性，是不是我們的心又更寬廣？所以就如此，這個覺察是沒有一定要怎樣的限制，是一種很全面、更寬闊的一種注意。

就是這樣而已，就是一種單純的注意而已，而注意的過程就是在轉化、就是在淨化，這是非常奧妙的事情。所以如果我們一直說，「我看到了，為什麼沒有停下來」、「啊！我看到了，為什麼我沒有改變」，那你還是用想干預或應該的模式在思考，你還是在這裡打轉，包括我們這個想干預的模式，我們都要去注意到。

例如看到自己暴力，然後我認為暴力是不應該的，這時觀察就停止，變成我在對治暴力，我在設法變成不暴力，這就是延續暴力。

13 靈魂的進化

我們的學習是靈魂、心靈的學習，假使肉體不存在，這個痛苦還是一直存在，它絕對不會因為肉體消失而不見，所以我才要這麼苦口婆心地提「要學習靈魂的進化」，這是很重要的。不用等到下一世，這些受苦的意識不斷地在重複，所以逃得了一時，逃不了累世。

心靈的學習是一種輕鬆跟被動的學習，並非要做多少功課，這樣會成為壓迫，這種學習是你內在「提出一個注意」而已，其他什麼都不需要，就好像在吃東西時，突然間注意到我在吃，就這樣而已。光這樣注意，慢慢地你的心會變得很敏銳，心敏銳時，看問題絕對會非常正確，企圖旺盛的修煉反而會造成驅迫與抗拒。

14
觀察「頭腦的運作模式」

這個觀察，這個注意，不是需要刻意地打坐、練習，而是任何時候，哪怕是上廁所、喝水，只要那個注意出現就可以了。不是刻意修煉，那麼從這個注意當中，我們的敏銳度會越來越提高，在這個敏銳度提高的時侯，我們心中就會愈敏感，就會看見我們的思考模式的運作。你心中的清楚自然會出現，清楚出現會把我們的痛苦停止。

問題就在思考的方式，這個思考的路線，不管你有多厲害的思考模式，就是一個模式，是這些模式把我們緊緊綑綁住，使我們動彈不得。這些模式，是我們所有經驗過的記憶，受過的傷害，我們的想要、欲望，我們的害怕，我們的逃避。

因為我們始終陷在頭腦的運作，被它騙了，然後在裡面作為，所以我們沒有辦法感受、看見我們那本來的狀態；即使看見了，我們不知道、也體會不到。所以這個注意，也就是「觀察我們自己心中的念頭，觀察頭腦的運作方式」，這是一個最直接、最簡單，在任何時候都可以做的；只要你看到這個模式的虛偽、狡猾。它藏在很多地方，只要你在注意，我們每一個人都可以看得到，都可以明白，當你明白的那一刻，你就「死亡」。

當你的「死亡」出現的時候，愛才會出現。那是一種非常純粹的狀態，在那種狀態底下，所有的自我都被粉碎、被摧毀，不用費一絲毫的力氣；只是因為我們一直不相信自己，不明白我們的頭腦，一直以為我們的記憶、模式、方式，可以讓我們快樂。如果我們的這個以為，我們都可以把它看到，慢慢地我們會接觸到「我們什麼都不是」。

15 過去的「傷害」主導了命運？

每個人在家庭中都受了很多的傷害，我們的命運會根據這個傷害發展，例如父母無法肯定、讚美小孩，這小孩很容易變得沒有自信，然後會在關係中、生命裡不斷地想要證明自己是很棒的、優秀的。這份想證明的心態讓他一直在這裡努力，能量一直耗在這裡，無論如何證明始終還是沒有信心，這個命運等於就是在關係受傷所產生的模式。

又例如被家暴的小孩，可能別人講話稍微大聲他就開始害怕了，很多的行為都會從害怕去做反應，讓他無法輕鬆的生活，也無法信任任何人，始終感到孤單、沒有歸屬，始終會陷在這些傷害裡面打轉。若是沒有去看見或療癒，我們就是一直在其中不斷地要證明或害怕、或是小時候看到父母衝突，自己在婚姻也複製同樣的模式，我們深陷其中真的很痛苦，所做的事，以及思想、情感都被這個命運在主導，也困在其中走不出來。

如果這些傷害沒有療癒，靈魂進化也就無法開始，如果能透過「家族能量」是最快的，這些傷害為什麼會一直帶著，就是記憶一直記得這個傷害，讓我們分不清楚「現在」跟「受傷的當下」；還有這個傷害往往不限於這一代，也許是上一代或是家族重複的傷害，如果沒有療癒，這些痛苦就會不停地延續下去。療癒是很重要的，否則意識就會停留在這些傷害，原地踏步無法前進，就談不上靈魂的進化，也很難說可以自由。

我們會在深層的意識帶著這些傷害，會把自己封閉起來，關在這個傷害裡面，痛苦會沒完沒了。

父母傷害我們，他們也不自知，也許是來自更上一代的傷害，或是他們的思考模式造成這些傷害。這些傷害並非我們自己一個人就可以跨過去，在家族裡面是個整體，每一成員都是整體，這些傷害都互相牽引，例如我們受傷之後也會傷害父母，拒絕他們，或是家族當中有人在受苦，我們要拯救他們，也會跟著受苦。這些互動造成一層層的傷害之後，形成家族的一種氛圍、能量，這種能量就會一直延續下去，成為生命的主軸，命運的主導，我們很多的發展或方向會根據這個能量而移動，如果這些能量有阻塞或沒有療癒，我們就會在這些地方打轉，重複這些痛苦。

我們在把「家族能量」呈現出來的時候，讓家族成員與彼此之間的關係能夠得到療癒、流動，同時也帶來領悟，這領悟會給我們帶來療癒與生命的更新。

16 靈魂製造的受苦模式

累世以來我們一直重複類似的苦難，這是靈魂製造的受苦模式，也是靈魂受苦的核心，洞悉這個模式，我們的淨化或轉化就會很快。例如：心靈深處有愧疚，我們就一直懲罰自己或是要彌補，生活中很多事，不管有關或無關我們都會把它導向遺憾，要去彌補，再去愧疚，不斷地重複這個模式。我們會有一個要彌補或贖罪，靈魂就會無止盡地做這樣的事，不停地上演。

當作為母親時，就一定要做個好媽媽，生活的焦點就會一直在這裡著墨，任何時候都要做到最好，甚至要證明自己是好媽媽。在這樣狀態之下就會覺得，一定要這樣做才有意義，就會為了這樣的意義，讓生命能量在這裡打轉；但是這是沒完沒了的，因為在靈魂深處會感到很深的愧疚與自責，再也無法容許自己的過失，所以必須不斷地做到最好。

靈魂製造受苦的模式可以說是我們痛苦的主幹，然而我們忙碌或想解決的是痛苦的枝枝葉葉。我們都會為自己製造受苦的模式，我們就會終其一生在這個模式裡面。

所以洞悉這個模式很重要，因為這是累世的模式，如果沒有跳脫，未來還是一樣。這是學習靈魂進化的精華。

感官的覺知

01 觀察自己聽話時，所生出的反應

我們很難好好聽人家講話，一聽到時就容易生出很多自己的慣性反應，所以雞同鴨講就是這麼來的。聽人家說話是很難的，能夠聽，還能不批判，不加入自己的東西，很難。

從今天開始，你在聽人家講話時，注意你心中起的反應。有的人就會抓對方毛病，有人就會認同或反駁，反正我們在聽人家講話的時候，很多習性很容易就會跑出來，這是學習觀察的一種方式。如果能經歷觀察自己的這些過程的話，覺察自然慢慢就會增強，那個定力、能量，自己就會增加。

●●

02 潮來潮往

我們在恐懼的時候，我們要去覺察。在覺察的時候，我們就會對這個恐懼了解更多或更清楚；越多的清楚，對它的認同就越來越少，那恐懼也就

越來越萎縮了。因為我們對恐懼的不了解，我們會把它認為是真實存在，自不自由一線之隔就在這裡，你認同它你就會變成它，就會做它的事，做這個愧疚或這個難過的事，或是那個對抗它的動作。

如果不認同它，跟它保持距離，那就會很不一樣了，你就會有能力去解決這件事，而且很輕鬆，不會影響太大。如果它是真實，就需要解決；如果它不真實，就會慢慢消失，差別就在這裡。至於能不能分辨或認同，問題是真實或是虛幻的，這是我們這段時間一直在學習的一個過程。練功、家族能量、靜心，就是在讓我們自己可以了解，所以那顆心很重要，那顆心要去明白，要去注意自己，一直注意自己，你就會知道我講的這些是真實的。

現在我們聽這海浪的聲音，你們有注意到你是用什麼地方在聽？其實我們都不知道我們是怎麼在聽的，怎麼在看的，這都是覺察。覺察不是侷限在心，而是你的眼睛、你的耳朵，也是覺察；也不是只有覺察你的情緒、你的觀念，其實它非常廣，它有很多面，層次很多。你有注意你是怎麼在聽的嗎？

是不是聽兩下，你就有很多聲音、念頭跑出來，所以你遇到事情就這樣，你要覺察到這點，你一聽到事情、遇到事情，有什麼念頭生起？你在聽這聲音時，你就是在培養覺性，聽這海浪的聲音上來，然後後退；再上來，停了一下，然後再後退；上來停了一下，後退。上來然後停了一下的瞬間，非常短暫也許只有一秒。

重點是那個停頓的地方，如果把它跟我們的思想合在一起，我們遇到問題，念頭出來時，你能不能有一個空間？能不能有停頓的時間？如果沒有停頓的時間，你就會陷入那個狀態，那個停頓越久，你就越不容易陷入那個痛苦的狀態。

當海浪上來，會有一個停，再下去。重點是在這個停的時候，它有一個短暫的時間，它是靜止的，如果我們的觀念跟事情的關係，沒有這個空間產生的時候，就是會一直掉到裡面去。這個空間就是我們的覺性，空隙就是我們的覺性。如果事件一來我們的反應很快，就是我們沒有這個空隙，沒有這個空間的時候，我們就會陷入這個對抗的狀態。

我們遇到事情的時候，能不能不作任何解讀？不要說「這個是對的、好的」，「我要這樣做、我要那樣做」，全部的活動都停止的時候，就會有一個空間。頭腦的活動都停止後，就會有一個空間；但是你頭腦在想什麼，要怎麼做，它沒有一個停止，所以沒有一個空間，就像你在一個房間裡面，沒有吸到氣的感覺，就是這個意思。

你們一定要去聽，去注意，忽然間你注意到我講的，那個感覺你體會到了，你就知道了。我們的生活就是處在沒有這個空間的狀態，所以問題會對抗不完，等到你們明白這空間是怎麼一回事的時候，對那些障礙的認同就會萎縮了。

03 純粹地聆聽，不起評論

現在閉上眼睛，注意周圍的聲音，注意我們是如何地在聽這些聲音。

我們對它是否有「好聽或不好聽的評論」呢？當我們開始有不好的評論的時候，我們對聲音就會有抗拒，也許你會覺得，它就是噪音。如果我們只是聽，沒有任何的評論，它就影響不到你。不是聲音影響我們，而是我們的評論影響我們。

04 讓我們受苦的不是事情本身，而是自己的反應

我們有沒有注意，我們是怎麼在聽的？當別人在講話的時候，我們是如何在接收、在聆聽呢？如果沒有注意到，現在可以馬上注意。

在我們生活當中的互動，其中的緊張跟障礙，全部從這個地方發生。從你聆聽，到你接收到訊息，然後你所生的反應，全部都是從這一刻產生。當你開始在注意時，你就會發現，你的反應，聆聽方式，你的各方面都是同樣一個模式，從來沒有不同，也沒有新鮮的。你的反應，你的內在生出來的

聲音，全部都是同樣一個模式。如果我們可以看到這點，我們的包袱會輕很多，因為所有的痛苦，許多的障礙，就是從這裡開始出來的。

所以不管我們在練功，或是我們在看電視也好，或是在跟別人互動，如果可以開始有一點點的注意自己，那麼生命中的不凡，或是命運中的不同，從這一刻開始才會慢慢的展開。

不是這個人講的好或不好，不是這個人對待我這樣好或不好、應不應該，而是我心中對它所生出來的反應。因為這個東西把我們拉著、扯著，是這個東西在讓我們放不下，在讓我們執著，而不是他做了什麼。

05 受傷的人是誰？

假設一個人跟你講了一句話，然後你因為這句話很難過，你覺得受傷。問題不是那個人跟你講的那一句話，而是你對這一句話有「反應」，勾起你受傷的反應，你會把這一句話跟以前受傷的反應連在一起，所以你就過不去。

例如：被說笨或沒用而受傷，也許小時候父母在別人面前對你講過類似的話，當時聽到這句話的感覺會很巨大，因為對一個小孩來說，會覺得自已不被認同、不被接納，自己是不重要的，然後就會連結到沒有被愛，大人不愛我，這種感覺就是很大的傷了，對孩子來說是沒有能力處裡的。

所以當下就會把它收起來，只要碰到類似的狀況就又受傷，所以這問題的癥結還是在那時候的傷，不是現在這個人。長大後會重複經歷這種傷，其實是好的，這些封存的傷被勾起來的時候，代表它有機會被你療癒，如果願意面對這個傷就會整個鬆開，這時候你可以選擇繼續封存或是看到它原來背後的傷。

06 不動，諦聽

現在，聆聽音樂的聲音，然後，過了一會兒，你就聽外面的聲音，有任何聲音都聽。外界的聲音靜止的時候，你內在的聲音就會出現，內在的聲音出來時，我們就如同聽音樂一樣的聽。聽音樂的時候，你們有什麼想法嗎？

就是聽而已，對不對？聽外面的聲音的時候呢？也是聽，對不對？好，接下來聽自己聲音的時候呢？不要跟它對話，就像聽音樂一樣。

為何我們會沒有辦法安靜下來？為什麼我們會有煩惱？這個就是根源的地方。如果你可以像聽音樂、聽周圍的聲音，用這樣的方式去聽自己內在的聲音時，那麼，很快地，你的心可以安靜下來。開始寧靜的時候，也許你有一些煩惱、痛苦、問題，在這安靜下來的時刻，你自然會從這個安靜當中，產生洞見。

如果我們的心沒辦法安靜下來，面對自身的障礙，就是陷在裡面，一直重複一些循環，痛苦；然後暫時停止，逃避。

哪怕只有五分鐘，在那五分鐘內，你可以去聽自己的聲音，那就夠了。

●●

07 音、聲的寂靜

注意聽這些流水聲，你聽它的時候它在，不注意聽它的時候它也在，所以可不可以聽到它，又不在意它，然後又不認同它，這個就是「同在」。

這流水聲、蟲鳴聲、山野中的所有聲音，原本就一直存在，就像我們的煩惱本來就一直存在，差別在有沒有想到或是否在乎，只是你不「識」。能不能不在乎也不認同，又能夠聽得到並且跟它一起存在？能不能用這種態度對待煩惱，跟你的煩惱玩？我們對待煩惱就是把認為的痛苦解決掉，就是對治煩惱，這反而是製造痛苦的延續與惡性循環。

08 無聲之聲

山野裡面有很多聲音，有的是聽得到，有的是聽不到的，當你的障礙一個、一個出來，心安靜以後，自然會聽到這種沒有聲音的聲音。

例如：一片葉子掉下來的時候它是沒有聲音的，可是你可以聽得到；它在空中是有聲音的，可是這不是耳朵可以聽得到，它在飄下來的時候，它的「聲音」可以用很美來形容。

09 聽雨

有一天夜裡下著雨，我躺在床上還沒入睡時，我就靜靜地聽雨的聲音。它滴在雨庇上面的聲音滴滴答答，然後每一滴的大小、重量、聲音都不一樣，我就這樣子聽著、聽著，覺得它是一種很美的音樂，它是一種很美的聲音。

好像在那一刻所有的東西，都影響不到那一種美。當我們很放鬆，抱著一個接納的態度，抱著一個不抗拒的態度，去聽、去看任何東西的時候，你會從裡面體驗到很多我們未曾見過、聽過、學習過的東西。

每一次在聽雨的聲音，我的感覺都不一樣，當我們在看待發生的事情，周圍的事情時，我們總是有一種很直接的習性。所以我們對發生的事情，很容易起煩惱、起反應，原因就出在你在看待它的時候，沒有注意我們「自己對這個東西的態度」。

就像夜裡我躺著聽雨聲，就只是聽，我只是跟著那個聲音在呼吸、在脈動，然後整個人就會感覺非常地輕安，有一種難以言語的安定跟喜悅。我們經常會因為所發生的事情，而感到煩惱、感到受苦，原因就出在這個地方，我們沒有辦法先靜下來，看看自己是用什麼樣的態度、方式在面對事情。有時候一句話來了，我們煩惱就生起來，我們很容易被這些周圍的事情所影響，我們的喜、怒、哀、樂，我們的情緒、我們的情感幾乎都受周圍事情的影響，所以我們受苦，我們不輕鬆。

10 注意我們是「怎麼在聽」？

聽周圍的聲音，注意我們是怎麼在聽的，我們在聽的時候，是不是出現很多內心的聲音，我們是不是對所有的聲音，都習以為常，理所當然。

注意我們是怎麼在聽，當我們在聽的時候，是不是生出很多念頭、想法？這個時候我們就聽不到了。注意我們是怎麼聽，對於身邊最親密的人說的話，我們從來沒有真正地在聽。我們對聲音會生出很多的想法、信念、反應，我們從來沒有真正地在聽，所以我們的日子會過得每天重複。

事實上每一次的聲音都不一樣，當真正在聽的時候，我們才能夠感受到它裡面的內容跟美。注意我們是怎麼聽的，是不是很快的就有我們自己的意見、想法，這個時候我們已經沒有在聽了。

如果沒有學習怎麼聽，我們就沒有辦法真正地自由、快樂，聽周圍的聲音，聽身邊的人的聲音，聽落葉飄下的聲音，聽我們內心的聲音。從這些聽裡面，我們可以學習到非常、非常多的，從來沒有看到、感動到的美。

可是當我們的內心起了反應，我們就再也見不到這個美，所以我們的生活很枯燥、很乏味、每天重複。

聽周圍的聲音！聽周圍的聲音！注意我們是怎麼在聽的？我們是如何在聽的？當學會安靜地聆聽時，在這個當下，我們的心便安靜下來，慢慢地這種安靜，會給我們帶來深層的療癒。這種療癒是最高境界的，因為它沒有衝突、沒有阻力，在安靜自然聆聽的狀態裡面，心自然能夠安靜下來。

11 感官覺醒

假設今天我罵過你，我對你講了不好聽的話，下次你跟我講話的時候，你就會有個戒備，只要有點不好聽，不高興的感覺就出來了，這不是覺察，而是根據你過去所留下來的痕跡做反應，也是一個情緒。這個感知是根據曾經發生過的記憶來反應，這個不是感官的甦醒，這是一個死的東西，好像一個固定的東西，按下去它就跑出來，所以這個不是覺察。

我們大部分人的感知、感官是用過去所記錄下來的，那如果我們不是依照這樣的覺知、這樣的感官，那麼是一個什麼樣的感知、什麼樣的狀態？到底感官覺醒是一個什麼樣的狀態？

我們很難去形容感官的覺醒，不過若能做到，你就真的很自由。假設他剛剛瞪我，那個生氣絕對不會超過20秒。那個生氣的感覺，啪～一下能量就過去，有時候還只有6、7秒。我瞪你，你生氣，那個生氣的能量不會超過20秒，如果超過一分鐘，表示你的頭腦在干預，所以如果你用感官在接收能量時，這個能量20秒馬上過去，我們的感官接收能量的時間很快就過去。

你會留一天、留一個禮拜，甚至你會留三十年，你會從小記到現在，這表示頭腦的記憶，所以我們搞不清楚我們是被記憶騙了，才會一直有一個不平衡出來。這些都是念頭，不是事實，因為你分不清楚這一點，所以你的痛苦才會一直存在。感官接收，假設你現在講一些好話，我就開心，開心也是15秒，這是能量流動的自然反應，

就像剛剛這陣風吹過去，請問它停多久？只有5秒而已，那我們的能量、我們的心性、念頭，事實上感官運作的時候，它也只有5~6秒，除非你給它一個別墅住下來，住50年，簽約50年，它就跟著你50年；否則如果是感官的運作，只有5秒鐘，那這5秒鐘，我們就被它帶跑了，如果你的覺知有出來時，痛苦5秒就過去。

感官的覺醒是很重要的，如果你真的想要輕鬆過日子，感官若沒有覺醒，我們很容易陷在頭腦裡。

12 「看」與「想」大不同

「看」的能量很強大，可以融化受苦，也是一種和解的力量。

當我們在「看」的時候，我們的抗拒就不見了。抗拒是頭腦生出來的，所以當我們在「看」的時候，頭腦的東西就沒有了；只有當我們在「想」的時候，才會有頭腦的東西，這是很重要的一點。

我們會受苦、衝突是因為離開當下，「看」不到真相。我們沒有辦法「看」的時候，就會變成是「想」。「看」跟「想」是不一樣的，「想」是死的，「看」是當下在發生。所以當你可以「看」的時候，你的「想」就會停下來。

13 在「注意痛苦」的那一刻，它就開始變化了

當你在注意你自己時，如果你真正在注意，你會有一種專注，會有一種認真。這個專注跟認真，可能可以給你看到什麼，可能看到喜悅，可能看到你的不開心。當你在真正專注的這一刻，不需要任何的驅迫去做什麼，或是規定，或者是再往前走，什麼都不用，因為你在這一刻，你自然有一種力量。你在注意看自己的這一刻，你是很認真，光這一份認真，它裡面就什麼都有。在這份認真裡面，你就不會越軌，你就有紀律，你就有愛，有專注、專心、認真。

當我們陷在痛苦的時候，那個心智是處在什麼狀態？就是不要這個痛苦，試圖要擺脫它而製造更多衝突，當你開始在注意它時，你的能量就會跑到注意來了，原來的對抗跟衝突就停下來了，你在注意的那一刻，痛苦就開始轉變了。

無處不道場

01 照顧腳下

平常在走路的時候，我們是怎麼走的，是不是有很多念頭？想這個、想那個，然後看這個、看那個，所以根本忘記在幹什麼。我們在走路時是不是這樣？從現在開始，我們每一次腳抬起來的時候，我們都要覺知到它的抬起來；每一次放下的時候，我們都要知道它放下來。

每一次的抬起我都要覺察到，每一次的放下我都要清楚到，就像你原來的走路一樣，只是原來你不知道。現在你知道，每一個抬起都被我清楚覺察到，每一個放下都被我感受到；每一個抬起都被我注意到，每一個放下都被我清楚到；每一個抬起都被我覺察……

我要知道它抬起來了，我要知道它現在放下來；每一次的移動我都知道，每一次的放下我都可以感受到。當它抬起來的時候我知道、我覺察到，每一個腳步都要被我看見，每一個移動都要被我感受到、被我感知到、被我覺知。每一個抬起我都看見、我都覺知，每一個放下我都清楚。好！停下來留在原地，眼睛微微地閉起來，注意我們的身體，我們的肩膀、我們的手。

02 聊天也可以靜心

注意我們聊天都在講些什麼，很有趣喔！不管跟任何人講話，聊天也好、講話也好，去注意我們都在講些什麼？是很快樂的事，還是買東西？去很漂亮的地方呢，還是去吃東西？找好吃的地方，還是我們都在抱怨：我的孩子、我的什麼……？去注意這些，我們會有很多發現，不管任何人，只要是跟我們講話的人。

去注意我們都跟他講些什麼，這些內容，事實上，在我們的生命裡面，是一個很重要的訊息。我們都很希望：我們可以活得很開心、很喜悅、很健康。

然後我們都很想說：告訴我！要怎麼做？我會按照你說的去做，然後我就可以很快樂。我們是不是都很想這樣？但天底下並沒有這種事，是要慢慢學習的。沒有一個方法能夠讓我們做了立刻就可以很開心。

這是要慢慢來的。如果我們可以從注意自己開始，那一定有希望可以活得很自在、快樂、喜悅，沒有辦法走近路，一定要慢慢從頭開始。所以去注意我們周圍的人、家人，我們都跟他講什麼？然後我們可以把它寫下來，這些東西是非常好的資料，我們就會開始察覺自己是怎樣的一個人。

你的心是怎樣？你的念頭是怎麼樣？你都在想些什麼、說些什麼？如果沒有從這些地方去著手、去注意，想活得平靜、喜悅、自由很不容易。只要我們的習性、一些習慣、思考的方式還是存在，沒有去了解這些模式；我們就沒有辦法真的平靜，沒有辦法真的自由。

我們一樣會受我們周圍的人、事、物的影響，所以去注意我們都跟別人說些什麼，這是相當重要的事情。從這個地方開始注意：我在跟人家講話的時候，我都在散發一種什麼樣的心態？充滿抱怨嗎？很內疚嗎？還是我不想講我自己的事情，我不想揭露我自己的事情？或者，我只是聽，然後，我想講的話我也不敢講？

很多這些東西，事實上，都會影響我們的心情、我們的心境、我們的生命。可是如果我們沒有從這裡，這個比較根部的地方去注意的時候，我們很難有一個自由的日子、自由的生活、自由的生命。

03 煩惱的止息

注意我們的肩膀，是不是繃得很緊？注意我們的身體，是不是繃得很緊？

這個「注意」，是人世間所有苦痛的止息之門。如果我們沒有辦法注意，這些痛苦、這些苦難，永遠不會停止。真正的心安靜，是我們的念頭都被我們覺知到，被我們了解到，被我們覺察到，我們的心自然能夠安靜下來。這個「安定」，不能用強迫的，也不能用強求。

必須要透過我們的覺察、注意，我們的痛苦、我們的念頭、我們的障礙，都被我們清楚看見、明白、了解，心的安靜自然會發生。

如果我們不能夠注意我們的言行舉止、我們的動作、身體；那麼，所謂的心安靜，也是一個虛幻。

●●

04 注意心念

任何法門的根源，就是注意自己發出什麼樣的心念，如果我一直發出不好的心態，我又要強迫自己改掉這個不好，一定會很衝突。如果能直接覺察我們所發出來的心念，那是不是最直接、最快的？

任何的問題或煩惱，如果不能覺察發出來的念，那問題或煩惱是不可能停止的。因為這個「念」很直接、很微細地影響我們的心境，影響我們的行為，影響我們之間的關係。今天如果我對你有意見，但是我並不知我對你有意見，所以我對你講話可能態度不是很好，雖然口頭上說沒有，可是心裡已經有能量在這裡，而我不自知的時候，這就是個大問題。

05 注意內心正在發生的事

注意我們內心正在發生的事！不是用想的，是實際地看到。

注意內心正在發生的事！不是用想的，是實際地注意、看到。

注意內心正在發生的事！不是告訴自己應該這樣、應該如何、不該如何。

簡單直接地注意內心正在發生的事。覺察，它其實就是簡單地注意周圍的事物，這樣的注意，它可以給我們帶來很大的能量釋放。所以當我們在練功、走路、吃飯，任何的時刻都可以這樣子的注意。然而你慢慢地這樣注意，就會有很重大的發現，就會有不同的發現，它其實是非常簡單，簡單到我們幾乎都不會。

如果你可以開始慢慢地這樣子覺察跟注意，你一定會有所發現跟體悟，注意我們的心這個時候是處於什麼狀態，它發生了什麼？這樣的注意，不知不覺地、慢慢地、很輕易地可以給我們帶來安靜。這個安靜，可以帶給我們很大的能量。這個時候你的注意，就會慢慢的有一個整體，有一個全面，這個時候你就會有所發現跟「看到」。

06 停止「受苦的模式」

「止」很重要。當你被某些事情影響的時候，你要注意，例如：有人罵你，如果沒有能力「停止」時，就會用舊有的方式反應，繼續製造更多後遺症，然後一直在這裡反覆打轉，永遠出不來。

遇到障礙被挑起來的情況時，你就要注意。當有注意的那一刻，那個影響才會暫停，你才有能力觀察到受苦的模式。所以我們的靜坐或是練習，就是幫助我們覺察自己。沒有覺察，就會被這種狀況影響，這就是「止」的一部分。

然後一邊練習「止」，一邊慢慢的把我們的業力清理，就可以越來越能夠跟自己的業力保持距離。

⁂

07 事實上，我擁有什麼？

我們最大的害怕是失去所擁有的一切，可是我們都不知道自己擁有什麼？現在來問問自己，我擁有什麼？我們到底實際上擁有什麼？看一下自己，或是你可以寫下來，看看你擁有什麼？

我們除了擁有存款，也許有房子、知識。如果這些通通都沒有的時候，那我們還擁有什麼？

就因為我們的內在膚淺、空洞，所以才會害怕失去。

我們對於所擁有的並不清楚與了解，才會害怕失去所擁有的。當你開始去注意你所擁有的一切時，這害怕就慢慢沒有力量，真正的害怕其實是頭腦的意念而已。

●●

08 靜靜地和感覺在一起

注意一下自己現在有什麼感受。不論有任何感覺，或是沒有感覺，我們不要一下子把它叫做是什麼感覺，也許有些感覺是沒有字眼可以形容的，我們就跟這種「感覺」靜靜的在一起，不要給它取名字，不要把它歸類，或是想要抓取它到底是什麼。

不論是舒服的或是不舒服的，靜靜地跟這種「感覺」在一起。

也許身體的一些地方也有類似的「感覺」，不要把它取名字，就只是跟這種狀態在一起，跟這種沒有名字的「感覺」在一起。

當我們感受到痛苦時，往往我們會給它命名，接下來就試圖擺脫痛苦或對治它，就是這些「企圖」，讓痛苦一直延續下來，事實上，製造痛苦的，就是這個「企圖」。

●●

09 跟身體連結

我們先把背靠在椅背上，閉上眼睛，感覺我們的背靠在椅子上的感覺，你是輕輕地靠著呢？還是緊貼在椅子上面？肩膀的感覺如何？感覺一下我們的身體，現在處在什麼狀態？注意身體每個地方有什麼感覺？去注意它，例如是緊繃或是酸痛，注意一下我們的呼吸，感受它的節奏或起伏。

好，輕輕的把眼睛張開。

跟自己連結的基礎就是先跟身體同在。當事情發生時，身體會如實地反應，如聳肩或呼吸急促等等，那也是我們內在的反應。

10 好的開始

我們想要健康，也想要快樂，也希望家人都很好，問題是，我們不知道要如何讓他們好，因為我們不知道要怎麼讓自己好，這個是重點。讓我們自己好的最重要的基礎就是：「跟自己的身體連結」。

我們在行、住、坐、臥的時候，念頭都亂飄，心無法專注在眼前的動作，只是機械化的反應，形成一種身體跟心分離的狀況，我們的身心沒有在一起。我們可以去「注意」自己是怎麼吃飯、怎麼走路、怎麼跟人對話，去「注意」我們所生出來的念頭，當我們可以跟我們的身體連結之後，我們才有可能開始對自己好。

11 聽淚珠說話

悲傷出現時，不要試圖合理化，不要壓抑它，就是跟悲傷「在」一起，讓它充分展現，「無情地」加以覺察，它自然會淨化，同時可以看到這悲傷也有屬於自己更深的苦痛或障礙，這個過程也是心靈的提升。若是否定這些情緒，就抹煞了自由，因為自由、快樂跟悲傷它們是一體兩面，悲傷鬆開，旁邊就是自由、快樂。若是否定悲傷，就會連自由快樂也扼殺。

12 哭泣時的靜心

跟現在的自己在一起，跟現在的自己連結，覺知現在的狀態，現在的感覺，注意現在的感覺。

當我們在哭泣的時候，也注意到哭泣的那一剎那間，出現什麼念頭，在哭泣中覺知。當我們感覺到、感受到痛苦的時候，不管出現任何的念頭，我們要能警覺地注意到它。

當煩惱痛苦出現的時候，我們要能夠覺知到它。當我們覺知到它的時候，我們必須等待，我們必須等待，等待痛苦向我們展現的一切。然後，我們要給痛苦時間，給它時間燒盡……，那麼痛苦就會停止，痛苦自然就會停止。

當痛苦停止的那一剎那間，我們的洞見、智慧立刻生出來，這洞見讓我們能夠面對我們生命中所有的苦痛，這洞見會教導我們，有智慧地面對生活，面對一切的苦難。

13 看戲劇影片的靜心

看電視或閱讀，或是看別人的一言一行，如果難過被觸動了，可以跟著感覺的片刻，讓感覺帶著你，沒有生起抗拒或期望它不同，光這樣子就可以把傷療癒，它就可以走過去；可是一旦你開始抗拒、想擺脫它、想轉移注意或期待它有所不同時，療癒就會停止，障礙就會如影隨形。

所以光是你的「在」，單存的「在」那個片刻，就會有這個品質出現，光這樣力量就很大了。在那一刻你會發現，那個傷會被這能量穿過去，流動了或療癒了，鬆開了，一開始的感覺會變化，會被了解，當然若是有人帶會比較快。

這裡很重要，因為觸動時，它重新被啟動，這是一個機會，讓這個傷害或障礙可以重新被你看見與定位。

難過時去看場電影或吃喝玩樂，其實沒有什麼不好，只不過就是會一直重複這個痛苦而已；學習靜心就是能從這裡跳脫、提升，當你慢慢在注意，就會越來越敏銳，舊有的慣性反應很快與直接。當你知道了，慢慢就可以不要跟隨慣性反應。

痛苦上來的時候，我們的態度會決定這個痛苦會變怎樣，任何難過上來，我們只要面對它，給它時間開花結果，那麼那一剎那當場就過去了，所以我們的態度會決定我們的命運，這句話很重要。痛苦上來的時候，你的態度決定你的命運，因為我們的很多反應都是從過去傷害出發的。

●●

14 是「誰」在生起念頭？

注意現在出現的念頭。注意我們的念頭。

念頭就是我們痛苦的根源，是我們煩惱的根源。

注意我們的念頭。

注意我們的念頭。

聽周圍的聲音。
聽周圍的聲音。
是「誰」在聽？
是「誰」在聽？
注意我們的念頭。
注意我們的念頭。
是「誰」在生起念頭？
是「誰」在生起念頭？
是「誰」在生起念頭？
注意我們的念頭，不是注意念頭的內容，是注意那個起念頭的人。
注意我們的念頭，不是注意念頭的內容，是注意那個起念頭的人。

15 智慧的起點

我講的靜心也許不是其他人講的靜心，我也一直沒有辦法解釋清楚，因為無法對靜心下定義，靜心不是要到達一個平靜、寧靜的狀態，不是要有一個寧靜的心，也不是要可以解決問題；可是一旦可以開始靜心，剛才所說的統統都不是問題。

不是靜坐的時候才是靜心，而是任何時刻。

靜心勉強可以說：你可以覺知到你當下的狀態，可以時時刻刻地、經常地、注意一下你的每一個當下的狀態。所有的覺知與智慧都是從這裡開始的，它沒有固定的形式要打坐或念經或做什麼，它是你那一顆覺察的心。

16 注意「生出反應的源頭」

問：平常老師會要我們注意「手的移動，腳的移動」，可是現在你要我們去注意「這個移動從那裡來」，這裡好像是一個更深的警覺？

老師：我們的內在有一個東西，在牽動你的行為、舉止，你的所有一切動作，包含你所講的話，所有的反應，都是源自內在有一個地方。所有的移動、所有的反應，都是從這個地方出來的，如果你可以碰觸到這個地方的時候，那就是等於更靠近源頭。

我們都說注意，注意我們的反應，可是我們源頭的地方，其實就好像水源的地方，它是一直不斷冒出反應的地方，就是我會生氣，我會覺得怎麼樣，不斷地重複，只要每次在這個地方，別人跟我的互動，我生出來的反應，或是焦慮，或是鞭策，都一樣的，這些移動或這些反應的源頭，我們就是要能夠看到這個地方。

就像是一開始只是一個情緒，我們生出來的情緒，可是情緒背後是有很多的受傷經驗跟記憶，那些記憶再更深層，它可能是意識，再更深層是細胞，再更深它是靈魂，所以其實在我們的靈魂裡面，早就有這些焦慮、恐懼，只是我們不知道，那個移動的源頭，就是一步步地在靠近源頭。

我們從來不質疑，自己為什麼會有這個手勢？怎麼會有這個舉動？就如同我們從來不會去質疑說，自己對這件事的反應為何會如此？我們完全在這個反應，就像看到小孩成績不如預期就生氣，我們從不會去質疑這樣的「反應」；但它的源頭是什麼，我們很少往這個方向。我講的話，其實都是要把我們帶往這個方向，當然這些東西要很自然，不要去挖，有注意到就注意，沒注意到也沒關係。

17 注意但不刻意

你在走路的時候，現在，在聽我講話的時候，在任何時候，只要你想到，都要去注意，不一定要刻意說：「現在我要來打坐，然後我要來唸經，然後開始注意」。

這一些全部不要有刻意，因為刻意也是一種壓迫，也是一種意志。牽涉意志力的時候，我們就會有拉扯、打架、衝突，這一些通通沒完沒了，所以我們的注意，並不是在我今天要花多少時間做功課，而是你的每一時、每一刻，你那個注意的能量出現，那是一個覺察。

這樣的注意在不知不覺當中，這樣的注意才是真實的，不是我們的意志力創造出來的。這樣的注意，可以讓我們看到很多無意識的行為，你就會發現到……這很有趣。祝福你們慢慢發現有趣的事物。

18 發願的力量

發願不是發要拯救世界或替誰受苦的願，而是要學習究竟、學習靜心，是為了自己要學習的心。

當你發這種心的時候，就會越來越有能力看到很多事情，這對靈魂來說是相當有意義的事。我們的靈魂一直重複地更換身體，可是這顆心未曾真正地解脫、自由過。發願就是不管肉體消失了，不管發生任何事情，都影響不了那份想覺醒的心，這才是真正的究竟。當你的靈魂有這份明亮的時候自然會照耀別人，這是很自然的。

發願的力量很強大，儘管看不見可是又影響我們，它會把我們的能力帶出來，很自然地就會有無懼的能量。這股力量相當地不可思議，怎麼學都學不來，沒有地方可以給我們這種力量，只有靠自己，我們的靈魂本來就有這股力量存在，我們只是去把它喚醒而已。

19 成為家族的一道光！

我們的父母在受苦，更上一代也受苦，也許我們看到的是三代，也許四代……好幾代都在受苦，連我們自己也深陷其中，接著看看我們的孩子，他是不是也在承接了一模一樣的模式？

所以今天你發願學習，不是說我自己解脫，一個人逍遙自在，絕對不是這樣，而是在這麼多代的受苦模式裡面，我們成為這些受苦人們的光，成為一個指引，引導他們能夠跳脫出來的一道光。我們的學習會影響他們，影響下一代，我是他們的光，然後你看看我們的家人，上面都沒有人能夠這樣學習，下面又依循這個模式。

所以我們的學習，不是只為了自己獨自逍遙、自在快樂，而是我們要指引他們從這裡面走出來的唯一希望跟一道光，還有我們的學習會慢慢滲入到家族每一個人的細胞，其實為什麼這些受苦會一直延續下去，就是我們流著相同的血，細胞都是一樣的，才會有意無意一直往這個方向走。

所以在家族裡面，有一個人停止了這樣的模式，那麼這個人他就是一股清流，它會滲透到我們家族裡面，每個人的細胞、血液裡面，這樣的擴展出去，它就是「愛」。

致謝

本書的內容是整理自這八年來素珍老師在各種情境下的談話錄音，老師的話語充滿愛的能量與穿透力，我們經常被觸動得一邊流淚一邊整理，這本書能夠問世要感謝秋玉、鳳春、冰麗、素梅、倩瑩、瑩珠、淑娟、香如逐字地用心整理錄音。也要謝謝啟霖學長協助順稿，讓整本書讀起來更順暢。感謝木馬出版社的欣蓉讓本書能以精緻的面貌呈現，謝謝所有促成本書出版的朋友與因緣。

最後，深深感謝素珍老師的教導，這些教導轉化了我的命運與靈魂。

李宗燁

國家圖書館出版品預行編目 (CIP) 資料

愛就在你心中 / 劉素珍著 ; 李宗燁文字整理 . --
初版 1. -- 新北市 : 木馬文化出版 : 遠足文化發行 , 2017.03
304 面 ; 15×21 公分
ISBN 978-986-359-357-7(平裝)

1. 情緒管理 2. 生活指導

176.52 105025118

愛就在你心中

作　　　者：劉素珍
文 字 整 理：李宗燁

社　　　長：陳蕙慧
副 總 編 輯：李欣蓉
主　　　編：李欣蓉
編 輯 協 力：涂東寧
行 銷 企 畫：童敏瑋
讀書共和國出版集團社長：郭重興
發行人兼出版總監：曾大福
出　　　版：木馬文化事業股份有限公司
發　　　行：遠足文化事業股份有限公司
地　　　址：231 新北市新店區民權路 108-3 號 8 樓
電　　　話：(02)2218-1417
傳　　　真：(02)2218-0727
Email：service@bookrep.com.tw
郵 撥 帳 號：19588272 木馬文化事業股份有限公司
客 服 專 線：0800221029
法 律 顧 問：華洋國際專利商標事務所蘇文生律師
印　　　刷：呈靖彩藝有限公司
初　　　版：2017 年 03 月
初 版 五 刷：2022 年 09 月
定　　　價：320 元